Dieses Buch gehört
den Verliebten

....

und

....

CHRISTIANE LEESKER | VANESSA JANSEN

I love you

DAS KOCHBUCH FÜR ZWEI, DIE SICH LIEBEN

Inhalt

Liebes Liebespaar!

Ihr habt das Abenteuer gewagt und einen gemeinsamen Haushalt gegründet. Das bedeutet, dass ihr auf eure Liebe vertraut und bereit seid, euch langfristig zu binden. Herzlichen Glückwunsch!

Geschirr und Küchengerät sind vorhanden, ein Herd, ein Kühlschrank … alles da! Ihr liebt es, zu kochen, deshalb haltet ihr jetzt dieses Kochbuch in den Händen. Was ihr sucht, sind passende Rezepte für euer Leben als Paar. Kochbücher gibt es natürlich wie Sand am Meer, zu jedem Trend und zu jedem Thema. In dieser Rezeptsammlung hier möchten wir aber speziell auf Situationen eingehen, wie sie für Verliebte und Paare typisch sind.

Da ist einerseits die ganz normale Alltagswoche mit einem Frühstück, das vielleicht auch mal etwas schneller gehen muss. Und dann gibt es andererseits das ausgedehnte Frühstück am Sonntag. Das kann ruhig etwas üppig gestaltet werden, denn das Mittagessen fällt sowieso flach, wenn man so spät aufsteht! Im Kapitel »Good Morning, Sunshine« findet ihr süße und herzhafte Frühstücksideen, da ist bestimmt für jeden was dabei.

Die Mittagspausen werdet ihr an Werktagen in der Regel vermutlich getrennt verbringen. Wäre es da nicht eine nette Idee, euren Mitnehm-Lunch zumindest gemeinsam vorzubereiten? Meal Prep ist hier das Zauberwort. Rezepte dazu gibt's im Kapitel »Lunch Break«.

Den Feierabend genießt ihr – wenn ihr nicht gerade unterwegs oder eingeladen seid – vermutlich gemütlich zusammen zu Hause auf dem Sofa. Damit ihr euch schön aneinanderkuscheln oder Händchen halten könnt, braucht ihr Snacks, die ihr problemlos einhändig verspeisen könnt, ganz ohne Besteck und sonstige Hilfsmittel. Vorschläge dafür sind im Kapitel »Home sweet Home« versammelt.

Und dann gibt es natürlich jede Menge besondere Anlässe in eurem Leben als Paar: den Valentinstag (siehe »Be my Valentine«), den gemeinsamen

Picknick-Ausflug (»In the Summertime, when the Weather is fine«), die Geburtstage und euren Jahrestag (»You are my only One«). Passende süße Kleinigkeiten, raffinierte Snacks und feine Candlelight-Menüs, sprich besonders leckere Liebesgrüße aus der Küche, schlagen wir dazu in den jeweiligen Kapiteln vor.

Natürlich könnt ihr Rezepte aus den einzelnen Kapiteln auch zu anderen Gelegenheiten zubereiten: Die Snacks fürs Sofa passen auch zum Picknick, das Geburtstagsmenü ebenso gut zum Valentinstag und die Picknickideen für ein Party-Buffet. Lasst euren Gelüsten und Ideen einfach freien Lauf!

Stichwort Party: Es ist nun mal nicht zu leugnen, es gibt auch noch ein Universum außerhalb eures kleinen Liebeskosmos. Freunde, Eltern und Geschwister wollt ihr natürlich nicht vernachlässigen. Ladet sie doch mal in euer gemeinsames Zuhause ein und kocht extra für sie ein schönes Menü für vier Personen (oder mehr)! Anregungen dafür bekommt ihr hier genug.

Bleibt uns nur noch, euch viel Freude beim Blättern, Stöbern, Ausprobieren und Nachkochen zu wünschen!

Christiane Leesker und Vanessa Jansen

PS: Noch ein Hinweis zum Schluss: Wahrscheinlich kennt ihr euch schon ziemlich gut. Zur Sicherheit haben wir aber diesem Buch zwei Fragebögen beigefügt, in denen ihr eure besonderen Vorlieben und Abneigungen für die Partnerin/den Partner festhalten könnt.

Fragebogen für

Mein absolutes Lieblingsgericht ist: _____

Mein Lieblingsessen aus der Kindheit ist: _____

Zum Geburtstag freue ich mich über dieses Gericht/Gebäck: _____

Ich kann nicht ausstehen (z.B. Muscheln): _____

Wirklich lecker finde ich (z.B. Marzipan): _____

Mein Lieblingskuchen ist: _____

Mein Lieblingsnachtisch ist: _____

Mein Lieblingswein/Lieblingsbier ist: _____

Meine Lieblingspizza ist: _____

Meine Lieblingspasta ist: _____

Ich esse nicht/bin leider allergisch gegen: _____

O Ich esse vegetarisch

O Ich esse vegan

Wenn ich traurig bin, tröstet mich am ehesten: _____
(z. B. heißer Kakao, Vanillepudding)

Wenn ich mich krank fühle, tut mir gut: _____
(z. B. Kamillentee, Salzstangen)

Ich mag besonders gerne:

O leichte Gerichte

O herzhafte Gerichte

O süße Gerichte

Meine Lieblingsmahlzeit am Tag ist:

O das Frühstück

O das Mittagessen

O das Kaffeetrinken

O das Abendessen

Mein Frühstücksei esse ich gerne:

O weich (3 Minuten)

O mittel (6 Minuten)

O hart (8 Minuten)

Mein Steak esse ich gerne:

O rare

O medium

O well done

Meine Lieblingsküche ist: _____
(z. B. französisch, italienisch, vietnamesisch)

Mein Lieblingsrestaurant ist: _____
(falls du mich verwöhnen möchtest, aber keine Zeit zum Kochen ist)

Wenn euch das Buch zu schade ist, um hineinzuschreiben, macht eine Kopie von diesen Seiten, füllt sie aus und legt sie hinten ins Buch.

Fragebogen für

....

Mein absolutes Lieblingsgericht ist: _____

Mein Lieblingsessen aus der Kindheit ist: _____

Zum Geburtstag freue ich mich über dieses Gericht/Gebäck: _____

Ich kann nicht ausstehen (z. B. Muscheln): _____

Wirklich lecker finde ich (z. B. Marzipan): _____

Mein Lieblingskuchen ist: _____

Mein Lieblingsnachtisch ist: _____

Mein Lieblingswein/Lieblingsbier ist: _____

Meine Lieblingspizza ist: _____

Meine Lieblingspasta ist: _____

Ich esse nicht/bin leider allergisch gegen: _____

O Ich esse vegetarisch

O Ich esse vegan

Wenn ich traurig bin, tröstet mich am ehesten: _____
(z. B. heißer Kakao, Vanillepudding)

Wenn ich mich krank fühle, tut mir gut: _____
(z. B. Kamillentee, Salzstangen)

Ich mag besonders gerne:

O leichte Gerichte

O herzhafte Gerichte

O süße Gerichte

Meine Lieblingsmahlzeit am Tag ist:

O das Frühstück

O das Mittagessen

O das Kaffeetrinken

O das Abendessen

Mein Frühstücksei esse ich gerne:

O weich (3 Minuten)

O mittel (6 Minuten)

O hart (8 Minuten)

Mein Steak esse ich gerne:

O rare

O medium

O well done

Meine Lieblingsküche ist: _____

(z. B. französisch, italienisch, vietnamesisch)

Mein Lieblingsrestaurant ist: _____

(falls du mich verwöhnen möchtest, aber keine Zeit zum Kochen ist)

Wenn euch das Buch zu schade ist, um hineinzuschreiben, macht eine Kopie von diesen Seiten, füllt sie aus und legt sie hinten ins Buch.

Good Morning, Sunshine
Frühstück für Verliebte

Es ist Sonntag. Ihr habt absolut nichts vor, also jede Menge Zeit.
Wenn ihr endlich aufsteht und verschlafen in die Küche wankt, ist der
Morgen weit fortgeschritten. Eigentlich ist es eher schon Mittag.
Ihr habt jetzt einen Bärenhunger und deshalb gönnt ihr euch ein richtig
ausgiebiges Frühstück mit allem Zipp und Zapp.

Mini-Brioches
Süße französische Brötchen

Für 6–8 Mini-Brioches

400 g Mehl
200 ml Sahne
90 g Zucker
1 Päckchen Vanillezucker
20 g frische Hefe
1 Prise Salz
2 Eier
1 Eiweiß
Mehl zum Bearbeiten
1 Eigelb und 1 EL Milch
zum Bestreichen

Außerdem:
Papiermuffinförmchen
1 Muffinblech

Den Teig für die Mini-Brioches könnt ihr schon am Vortag zubereiten, gehen lassen und dann in den Kühlschrank stellen. Am nächsten Morgen muss er dann nur noch mal durchgeknetet werden.

Das Mehl in eine Schüssel sieben und eine Kuhle hineindrücken. Die Sahne in einem Topf erwärmen und in die Vertiefung gießen. Zucker, Vanillezucker und die zerbröckelte Hefe in die Sahne rühren, dabei etwas Mehl vom Rand mitnehmen. Den Vorteig abgedeckt 10 Minuten gehen lassen. Dann Salz, Eier und Eiweiß mit dem Handrührgerät untermischen und alles zu einem geschmeidigen Teig verkneten. Diesen zugedeckt an einem warmen Ort 1 Stunde gehen lassen.
Den Backofen auf 180 °C Ober-/Unterhitze (Umluft 160 °C) vorheizen. Den Teig auf bemehlter Fläche gut durchkneten, zu einer Rolle formen und diese in 6–8 etwa gleich große Stücke teilen. Diese zwischen den Handflächen rund rollen, ein kleines Stück davon abdrücken und ein paarmal um sich selbst drehen, sodass ein kleiner »Ableger« entsteht, der mit dem größeren Teigstück noch verbunden ist. Diesen wie einen kleinen Dutt wieder an das größere Stück andrücken. Jedes Teigstück erst in ein Papierförmchen und dieses dann in das Muffinblech setzen. Die Brioches zugedeckt an einem warmen Ort weitere 10 Minuten gehen lassen.
Dann das Eigelb in einer Tasse mit der Milch verquirlen und die Teigstücke vorsichtig damit einpinseln. Im vorgeheizten Backofen auf mittlerer Schiene 20 Minuten backen.
Brioches aus dem Ofen nehmen, auf einem Kuchengitter etwas abkühlen lassen und lauwarm mit Butter und Konfitüre genießen.

Frühstückskonfitüre
Miniportion

Für je 1 Glas (350 ml)

Für die Himbeerkonfitüre:
150 g Himbeeren (frisch oder TK)
150 g Gelierzucker 1 : 1
1 Spritzer Zitronensaft

Für die Aprikosenkonfitüre:
ca. 200 g Aprikosen
150 g Gelierzucker 1 : 1
1 Spritzer Zitronensaft

Wer sagt, dass man Konfitüre in großen Mengen einkochen muss? Ihr könnt problemlos auch ein einzelnes Glas zubereiten, mit dem Obst, das gerade zur Verfügung steht.

Für die Himbeerkonfitüre frische Himbeeren verlesen, waschen und abtropfen lassen. TK-Himbeeren auftauen lassen. Wer mag, streicht die Früchte durch ein Sieb, um die feinen Kerne zu entfernen. Die Himbeeren in einem hohen Topf mit Gelierzucker und Zitronensaft mischen. Gut durchrühren und 10 Minuten zugedeckt stehen lassen.
Ein passendes Schraubglas mit kochendem Wasser ausspülen und bereitstellen. Die Frucht-Zucker-Mischung zum Kochen bringen und unter Rühren 4 Minuten sprudelnd kochen lassen. Vom Herd nehmen, in das Schraubglas füllen und dieses sofort verschließen. Das Glas für 10 Minuten auf den Kopf stellen. Dann wieder umdrehen und vollständig abkühlen lassen. Die Konfitüre hält sich an einem dunklen, kühlen Ort mehrere Monate. Angebrochen im Kühlschrank aufbewahren.
Für die Aprikosenkonfitüre die Aprikosen waschen, trocken tupfen, halbieren und entsteinen. Dann in kleine Stücke schneiden. 150 g vorbereitete Fruchtstücke abwiegen und mit Gelierzucker und Zitronensaft in einem hohen Topf verrühren. Weiter verfahren wie bei der Himbeerkonfitüre.

Tipp

Erdbeeren, Johannisbeeren, Brombeeren und Stachelbeeren wie die Himbeerkonfitüre verarbeiten. Kirschen, Nektarinen, Pfirsiche, Mirabellen oder Pflaumen wie die Aprikosenkonfitüre. Für Gelee aus Saft, zum Beispiel von Äpfeln, Orangen oder Trauben, rechnet ihr 150 ml Saft auf 200 g Gelierzucker.

Overnight Oats
mit Früchten

Für 1 Portion

4 gehäufte EL blütenzarte
Haferflocken
100 ml Milch
3 EL Joghurt
1 Handvoll Paranüsse
½ Banane
1 Handvoll Himbeeren
flüssiger Honig zum Süßen

Overnight Oats sind eine Art Bircher Müesli. Über Nacht quellen die Haferflocken mit Milch und Joghurt zu einem leckeren Brei.

Am Vortag die Haferflocken in einem verschließbaren 500-ml-Glas mit der Milch und dem Joghurt verrühren. Die Nüsse in Scheiben schneiden. Die Banane schälen und ebenfalls in Scheiben schneiden. Die Himbeeren verlesen, waschen und trocken tupfen. Nüsse und Obst auf den Haferbrei geben, aber nicht verrühren.
Das Glas über Nacht in den Kühlschrank stellen. Am nächsten Tag alles durchrühren, nach Belieben mit Honig süßen und genießen.

Tipp

Obst und Nüsse lassen sich beliebig variieren. Nur Kiwis und Zitrusfrüchte sind ungeeignet, denn sie lassen die Milch gerinnen. TK-Himbeeren einfach gefroren zugeben, sie tauen über Nacht auf. Geriebener Apfel, der fürs Bircher Müesli unerlässlich ist, schmeckt in den Oats auch sehr gut.

Buttermilch-Pancakes
mit Blaubeeren und Sirup

Für 2 Portionen

100 g Mehl
2 TL Backpulver
200 ml Buttermilch
2 EL Zucker
1 Ei
1 Prise Salz
Öl zum Braten
Ahornsirup zum Süßen
Blaubeeren zum Bestreuen
nach Belieben

Kein amerikanisches Frühstück ohne diese dicken weichen Pfannkuchen! Ihr könnt sie mit oder ohne Obst genießen. Außer Blaubeeren passen zum Beispiel auch Himbeeren oder Bananenscheiben gut.

Das Mehl in einer Schüssel mit dem Backpulver mischen. Buttermilch, Zucker, Ei und Salz zugeben und alles mit dem Handrührgerät zu einem dicken Teig verrühren. Diesen 10 Minuten zugedeckt stehen lassen.

Etwas Öl in einer beschichteten Pfanne erhitzen. Mit einer kleinen Kelle vorsichtig bis zu 4 Teigportionen in die Pfanne setzen. Die Pancakes sollten ca. 8 cm Durchmesser haben. Bei mittlerer Hitze auf einer Seite backen, bis der Teig nicht mehr flüssig ist. Dann wenden und von der anderen Seite goldbraun braten.

Die fertigen Pancakes auf Küchenpapier entfetten und warm stellen, bis der Teig verbraucht ist. Mit Ahornsirup und nach Belieben auch Blaubeeren genießen.

Frühstücks-Smoothie
mit Kefir und Früchten

Für 1 Portion

Ein super Energielieferant, der müde Menschen wieder richtig munter macht.

300 ml Kefir
1 reife Banane
1 Handvoll Himbeeren
1 Handvoll Blaubeeren
2 Datteln ohne Stein
1 EL blütenzarte
Haferflocken
1 TL gehackte Mandeln

Den Kefir in einen Mixbecher gießen. Die Banane schälen, in Stücke schneiden und zufügen. Himbeeren und Blaubeeren verlesen, waschen und mit den Datteln ebenfalls zugeben. Die Haferflocken zum Kefir geben.
Die Mischung mit dem Pürierstab schaumig mixen. In ein großes Glas gießen, mit gehackten Mandeln bestreuen und sofort genießen.

Tipp

Der Smoothie kann beliebig variiert werden. Ihr könnt ihn zum Beispiel mit Erdbeeren statt Himbeeren und Blaubeeren zubereiten oder die Mandeln durch Haselnüsse ersetzen.

Lunch Break
Mittagspause im Liebesalltag

Wenn ihr nicht gerade Urlaub habt oder gemeinsam zu Hause arbeitet, dann heißt es jeden Morgen nach dem Frühstück: Abschied nehmen! Getrennt voneinander geht ihr eurer Arbeit nach und erst zum Feierabend seht ihr euch wieder. Damit ihr auch in der Mittagspause aneinander denkt, könntet ihr eure Mitnehm-Mahlzeiten zusammen vorbereiten.

Meal Prep ist derzeit ein Trendthema: Manche kochen sogar für die ganze Woche vor! Ihr könnt aber auch einfach am Vorabend euren Lunch für den nächsten Tag zubereiten.

Ihr findet auch in andern Kapiteln geeignete Ideen für die Mittagspause, zum Beispiel die Overnight Oats (S. 30), den Linsensalat (S. 119) oder das Garam-Masala-Gemüse-Curry (S. 94).

Exotischer Reissalat
mit Hähnchen und Mango

Für 2 Portionen

1 Tasse Basmatireis
(ca. 150 g)
Salz
1 EL Currypulver
1 Hähnchenbrustfilet
(ca. 250 g)
Öl zum Braten
1 Frühlingszwiebel
¼ Fenchel
½ rote Paprikaschote
½ Banane
½ Apfel
½ reife Mango
100 g saure Sahne
3 TL Mango-Chutney

Der fruchtig-frische Salat ergibt ein sommerliches Mittagessen, ist aber auch ein toller Beitrag zu einem Party-Buffet oder zum Picknick. Das Hähnchenfleisch könnt ihr dann gewürfelt untermischen oder einfach weglassen.

Den Basmatireis mit einer Tasse abmessen und mit der doppelten Menge Wasser in einen Topf geben. Mit Salz und Curry würzen und im geschlossenen Topf bei geringer Hitze in ca. 15 Minuten gar kochen. Dabei nicht rühren. Der Reis ist gar, wenn keine Flüssigkeit mehr im Topf ist (zum Testen Topf schräg halten). Topf vom Herd nehmen, Reis in eine große Schüssel füllen und abkühlen lassen.

Das Hähnchenbrustfilet in einer Pfanne mit Öl von beiden Seiten goldbraun braten. Es ist gar, wenn es auf Druck kaum nachgibt, das dauert ca. 10 Minuten. Herausnehmen und auf Küchenpapier abtropfen und abkühlen lassen.

Die Frühlingszwiebel putzen, waschen und in feine Ringe schneiden. Fenchel putzen, waschen, vom harten Strunk befreien und würfeln. Die Paprikaschote putzen, waschen und ebenfalls würfeln. Die Banane schälen, längs vierteln und in Scheiben schneiden. Den Apfel schälen, vom Kerngehäuse befreien und würfeln. Die Mangohälfte mit dem Sparschäler schälen und das Fruchtfleisch ebenfalls würfeln. Vorbereitetes Obst und Gemüse zum Reis geben und alles gut mischen. Die saure Sahne und das Mango-Chutney unterrühren.

Den Salat in 2 Portionen teilen und in gut schließende Dosen füllen. Das Hähnchenbrustfilet schräg in Scheiben schneiden und anteilig auf die Salatportionen legen. Die Dosen verschließen und den Reissalat bis zum Verzehr kalt stellen.

Egg Muffins
Drei Sorten Mini-Omeletts

Für 12 Muffins

Für die Eimasse:
12 Eier
Salz
schwarzer Pfeffer
aus der Mühle
1 Frühlingszwiebel
Butter für das Blech

**Für Spinat-Tomate-
Mozzarella-Muffins:**
1 Handvoll Babyspinat
2 Mini-Mozzarella-Kugeln
8 Kirschtomaten

Für Bacon-Käse-Muffins:
100 g Baconwürfel
25 g geriebener Gouda

**Für Knoblauch-
Champignon-Muffins:**
4 braune Champignons
1 kleine Knoblauchzehe
1 TL gehackte Petersilie

Außerdem:
1 Muffinblech
mit 12 Mulden

Statt Omelett aus der Pfanne gibt es hier Muffins aus dem Backofen – dazu noch in drei Geschmacksrichtungen!

Den Backofen auf 180 °C Ober-/Unterhitze (Umluft 160 °C) vorheizen. Für die Grundmasse die Eier in einer Schüssel mit dem Schneebesen verrühren, salzen und pfeffern. Die Frühlingszwiebel putzen, waschen, fein hacken und zu den Eiern geben. Die Mulden des Muffinblechs gut buttern. Die Hälfte der Eimasse auf die Mulden verteilen.

Für die Spinat-Tomate-Mozzarella-Muffins den Spinat verlesen, waschen und trocken schütteln. Mozzarella abtropfen lassen und würfeln. Spinat und Käse auf 4 Mulden verteilen. Die Kirschtomaten waschen und halbieren. Je 4 Hälften in jede Mulde geben.

Für die Bacon-Käse-Muffins die Baconwürfel in einer kleinen Pfanne ohne Fett knusprig braten. Bacon-Würfel und geriebenen Gouda gleichmäßig auf 4 Muffinmulden verteilen.

Für die Knoblauch-Champignon-Muffins die Champignons putzen. Jeden Pilz in feine Scheiben schneiden und in eine der verbliebenen 4 Muffinmulden setzen. Die Knoblauchzehe schälen, fein hacken und mit der gehackten Petersilie mischen. Die Mischung anteilig über die Champignons streuen. Die Förmchen mit der verbliebenen Eimasse auffüllen. Die Muffins im vorgeheizten Backofen auf mittlerer Schiene 20 Minuten backen. Herausnehmen, aus den Mulden lösen und genießen.

Tipp

12 Eier, das ist eine Menge für zwei Leute. Die Omelett-Muffins schmecken aber auch sehr gut kalt und halten sich in einer gut schließenden Dose im Kühlschrank bis zu vier Tage.

Pesto-Potato-Bowl
mit Tomaten und Mozzarella

Für 2 Portionen

4 große Kartoffeln
3 EL Olivenöl
1 TL grobes Meersalz
1 TL italienische
Kräutermischung oder
Kräuter der Provence
2 EL Basilikumpesto
(aus dem Glas)
125 g Mini-Mozzarella-
Kugeln
15–20 Kirschtomaten
2 EL Pinienkerne
2 Stängel Basilikum
Salz
schwarzer Pfeffer
aus der Mühle

Das Ganze ist ruckzuck zubereitet, wenn ihr für diesen vegetarischen Bowl übrig gebliebene Ofen-, Brat-, Salz- oder Pellkartoffeln verwendet.

Den Backofen auf 200 °C Ober-/Unterhitze (Umluft 180 °C) vorheizen. Die Kartoffeln unter fließendem kalten Wasser sauber bürsten, trocken reiben und würfeln. Mit Olivenöl, Meersalz und Kräutern in einer Auflaufform mischen.
Die Kartoffelwürfel im vorgeheizten Backofen auf mittlerer Schiene 30–40 Minuten garen. Wenn sie weich sind, herausnehmen, in eine Schüssel geben, abkühlen lassen und das Pesto untermischen.
Die Mozzarellakugeln abtropfen lassen und halbieren. Die Kirschtomaten waschen und durchschneiden. Die Pinienkerne in einer Pfanne ohne Fett goldbraun rösten. Basilikum waschen, trocken schütteln, die Blättchen von den Stielen zupfen und in Streifen schneiden.
Die vorbereiteten Zutaten zu den abgekühlten Kartoffelwürfeln geben und alles gut vermischen. Die Menge auf 2 gut schließende Dosen verteilen, die Dosen verschließen und bis zum Verzehr im Kühlschrank aufbewahren.

Gemüse-Hackfleisch-Pfanne
mit Spiegelei

Für 2 Portionen

1 Schalotte
1 Knoblauchzehe
1 kleine Zucchini
1 gelbe Paprikaschote
Olivenöl zum Braten
250 g Rinderhackfleisch
1 Stängel Rosmarin
200 g stückige Tomaten
(aus der Dose)
Salz
schwarzer Pfeffer
aus der Mühle
1 TL getrockneter Oregano
100 g Kirschtomaten
2–4 Eier
gehackte Petersilie zum
Bestreuen

Dieses herzhafte und rustikale Gericht könnt ihr auch als deftiges Abendessen genießen, sobald es heiß aus dem Ofen kommt.

Die Schalotte und die Knoblauchzehe schälen und würfeln. Zucchini und Paprikaschote putzen, waschen und in mundgerechte Stücke schneiden.

Den Backofen auf 200 °C Ober-/Unterhitze (Umluft 180 °C) vorheizen.

Olivenöl in einer Pfanne erhitzen und Zwiebel und Knoblauch darin andünsten. Das Hackfleisch dazugeben und unter Rühren anbraten. Dann Zucchini und Paprika zugeben und mitbraten.

Den Rosmarin waschen und mit den stückigen Tomaten in die Pfanne geben. Mit Salz, Pfeffer und Oregano würzen. Alles gut durchrühren und 10 Minuten zugedeckt garen.

Den Rosmarin entfernen und, falls die Pfanne nicht ofenfest ist, den Pfanneninhalt in eine Auflaufform umfüllen. Die Kirschtomaten waschen, halbieren und darauf verteilen. Die gewünschte Anzahl Eier über der Hackfleischpfanne aufschlagen, mit Salz und Pfeffer würzen.

Das Gericht im vorgeheizten Backofen auf der zweiten Schiene von oben garen, bis das Eiweiß gestockt ist. Das dauert 10–15 Minuten.

Herausnehmen, in 2 Portionen teilen und in gut schließenden Dosen bis zum Verzehr kalt stellen. Dann erwärmen und mit gehackter Petersilie bestreut servieren.

Italienischer Pastasalat
mit getrockneten Tomaten, Rucola und Parmesan

Für 2 Portionen

150 g Farfalle
(Schmetterlingsnudeln)
Salz
2 EL dunkler
Balsamico-Essig
schwarzer Pfeffer
aus der Mühle
100 g getrocknete
Tomaten in Öl
1 Handvoll Kirschtomaten
ca. 50 g Rucola
4–5 Stängel Basilikum
2 EL Olivenöl
25 g Parmesan

Ein echter Klassiker! Mit verdoppelten Mengen auch prima geeignet für jedes Party-Buffet, zum Barbecue oder als Picknick. Wer mag, streut noch geröstete Pinienkerne darüber.

Die Pasta in einem Topf mit kochendem Salzwasser nach Packungsanweisung bissfest garen. In ein Sieb abgießen, abtropfen lassen und in einer Schüssel mit Balsamico, Salz und Pfeffer vermischen. Vollständig abkühlen lassen.

Die getrockneten Tomaten abtropfen lassen und klein schneiden. Die Kirschtomaten waschen und vierteln. Rucola verlesen, waschen, trocken schütteln und grob schneiden. Basilikum waschen, trocken schütteln und die Blättchen abzupfen. Die vorbereiteten Zutaten mit den Nudeln mischen.

Den Pastasalat mit Salz und Pfeffer abschmecken und in 2 Portionen aufteilen. Mit Olivenöl beträufeln und den Parmesan anteilig darüberhobeln. In gut schließenden Dosen bis zum Verzehr kalt stellen.

Blumenkohl-Linsen-Curry
mit Rosinen und Mango-Chutney

Für 2 Portionen

ca. 500 g Blumenkohl
2 Möhren
1 Handvoll Rosinen
Öl zum Braten
Salz
schwarzer Pfeffer
aus der Mühle
1 TL Currypulver
100 g rote Linsen
250 ml Wasser
100 g Joghurt
½ TL Speisestärke
1 EL Mango Chutney
2 Stängel Koriander
Joghurt als Beilage

Das superleckere vegetarische Curry schmeckt kalt ebenso gut wie warm, sommers so gut wie winters. Ein echter Allrounder also.

Den Blumenkohl putzen, waschen und in Röschen teilen, den Strunk würfeln. Die Möhren putzen, schälen und in Scheiben schneiden. Die Rosinen in einem Sieb unter kaltem Wasser abspülen und abtropfen lassen.

Öl in einer großen Deckelpfanne erhitzen, Blumenkohl und Möhren darin anbraten. Mit Salz, Pfeffer und Currypulver würzen. Die Linsen und die abgetropften Rosinen unterrühren. Das Wasser angießen, den Deckel auflegen und das Curry zugedeckt 15 Minuten garen. Dabei gelegentlich umrühren.

Den Joghurt in einer Schüssel mit der Stärke glatt rühren. Die Mischung in das Curry rühren und alles kurz aufkochen lassen. Das Chutney untermischen.

Koriander waschen, trocken schütteln, die Blättchen abzupfen und hacken.

Das Blumenkohl Linsen-Curry mit Koriander bestreuen und auf 2 gut schließende Dosen verteilen. Dosen verschließen und bis zum Verzehr kalt stellen. Dann, falls gewünscht, erwärmen und kalten Joghurt dazu reichen.

Tipp
Das Curry schmeckt pur sehr gut oder auch mit indischem Fladenbrot oder Reis.

Mexican Bowl mit Rindfleisch
und Limetten-Joghurt-Dressing

Für 2 Portionen

150 g Basmatireis
Salz
1 kleine Chilischote
3 Stängel Koriander
Saft von 1 Zitrone
200 g Rinderhüfte
Öl zum Braten
2 EL Sojasauce
Pfeffer aus der Mühle
1 reife Avocado (Hass)
10 Kirschtomaten
400 g Kidneybohnen
(aus der Dose)
300 g Maiskörner
(aus der Dose)
30 g geriebener Käse
(z. B. Manchego)
Saft von 1 Limette
200 g Joghurt
4 Limettenscheiben zum
Garnieren

Genau das Richtige für Freunde der Tex-Mex-Küche! Es lohnt sich, dafür gutes Hüftsteak zu verwenden, das nach dem Braten außen kross und innen schön zart ist.

Den Basmatireis mit einer Tasse abmessen und mit der doppelten Menge Wasser in einen Topf geben. Salzen und im geschlossenen Topf bei geringer Hitze in ca. 15 Minuten gar kochen. Dabei nicht rühren. Der Reis ist gar, wenn keine Flüssigkeit mehr im Topf ist (zum Testen Topf schräg halten). Topf vom Herd nehmen, Reis in eine große Schüssel füllen und abkühlen lassen.

Die Chilischote putzen, waschen, von Samen befreien und in feine Ringe schneiden. Koriander waschen und trocken schütteln. Die Blättchen von den Stielen zupfen und hacken. Chili, Zitronensaft und Koriander unter den Reis mischen.

Die Rinderhüfte in schmale Streifen schneiden. Öl in einer Pfanne erhitzen und die Rinderstreifen darin scharf anbraten. Die Sojasauce unter Rühren zugeben. Das Fleisch herausnehmen, pfeffern und abgekühlt zum Reis geben.

Die Avocado vierteln, schälen, vom Stein befreien und in Scheibchen schneiden. Die Kirschtomaten waschen und vierteln. Die Bohnen und den Mais in ein Sieb abgießen, unter kaltem Wasser abwaschen und abtropfen lassen. Die vorbereiteten Zutaten und den geriebenen Käse ebenfalls zum Reis geben. Alles gut mischen, in 2 Portionen teilen und in gut schließende Dosen füllen.

Limettensaft in einer Schüssel mit dem Joghurt verrühren und als Dressing anteilig über den Salat gießen. Jede Portion mit 2 Limettenscheiben garnieren, die Dosen verschließen und Bowls bis zum Verzehr kalt stellen.

Home sweet Home
Fingerfood für den Feierabend

So ein gemütlicher Abend zu Hause ist doch etwas Feines! Ihr kuschelt euch auf euer Sofa, haltet Händchen, unterhaltet euch oder schaut einen Film. Auf jeden Fall habt ihr nur eine Hand frei. Aber irgendwie Appetit. Deshalb sind kleine mundgerechte Häppchen jetzt der perfekte Snack für euch.

Ihr braucht keine Teller, kein Besteck, höchstens eine Serviette. Die Häppchen legt ihr auf eine Platte oder ein Brett und bedient euch einfach mit den Fingern – Fingerfood eben! Die Rezepte in diesem Kapitel eignen sich allesamt auch für ein Picknick oder ein Party-Buffet.

Bananenhäppchen
mit Garnelen und Avocado

Für 8 Stück

1 reife Avocado (Hass)
Salz
schwarzer Pfeffer
aus der Mühle
Saft von ½ Zitrone + etwas
zum Beträufeln
2 nicht zu reife Bananen
Öl zum Braten
1 Knoblauchzehe
8 Riesengarnelen, geschält
Koriandergrün zum
Garnieren

Diese Häppchen sind leicht karibisch angehaucht. Eine perfekte Mischung aus herzhaften und fruchtigen Aromen.

Die Avocado vierteln, schälen und entsteinen. Das Fruchtfleisch mit einer Gabel in einer Schüssel zerdrücken und mit Salz, Pfeffer und Zitronensaft würzen.

Die Bananen schälen und in je 4 Stücke schneiden. Reichlich Öl in einer Pfanne erhitzen. Die Bananenstücke darin von allen Seiten anbraten. Herausnehmen und zum Beispiel mit dem Stößel eines Mörsers eine Kuhle in jedes Bananenstück drücken. Mit Zitronensaft beträufeln und beiseitestellen.

Den Knoblauch schälen und hacken. Die Garnelen mit dem Knoblauch in der Pfanne mit dem verbliebenen Fett goldbraun rösten.

Auf jedes Bananenstück etwas Avocadomus geben und dies mit einer Garnele krönen. Die Häppchen mit Koriandergrün garnieren und warm oder kalt genießen.

Tipp

Die Bananenhäppchen sollten, auch wenn ihr sie nicht warm essen wollt, nicht lange stehen. Genießt sie am besten frisch nach der Zubereitung, dann schmecken sie am besten.

Blätterteigschnecken
mit Bratwurst

Für 1 Blech

1 Paket Blätterteig
(270 g, Kühlregal)
2 TL Crème fraîche
Salz
schwarzer Pfeffer
aus der Mühle
1 Bratwurstschnecke
(ca. 150 g)
1 Eigelb

Einfacher geht's nicht. Die Schnecken sind ruckzuck gemacht und können endlos variiert werden, zum Beispiel mit geriebenem Käse, Kräuterfrischkäse, Bacon oder gekochtem Schinken.

Den Backofen auf 200 °C Ober-/Unterhitze (Umluft 180 °C) vorheizen.
Den Blätterteig flach auslegen und mit Crème fraîche bestreichen, salzen und pfeffern.
Die Bratwurstschnecke von den Spießen befreien, abrollen und an die Längsseite der Blätterteigplatte legen. Den Teig aufrollen. Die Rolle in 1 ½ cm dicke Scheiben schneiden und diese auf ein mit Backpapier ausgelegtes Backblech legen.
Die Schnecken mit verquirltem Eigelb bestreichen und im vorgeheizten Backofen auf der zweiten Schiene von oben in 15–20 Minuten goldbraun backen. Gegebenenfalls zum Ende der Backzeit den Grill zuschalten. Schnecken herausnehmen und warm oder kalt genießen.

Knusprige Datteln
im Speckmantel

Für 16 Stück

8 Scheiben Bacon
16 Medjoul-Datteln
Öl zum Braten

Außerdem:
16 Bambusspießchen oder
Zahnstocher

Datteln im Speckmantel sind der Klassiker unter den spanischen Tapas.

Die Baconscheiben einmal quer halbieren. Jede Dattel in eine halbe Baconscheibe einwickeln und diese mit einem Spießchen oder Zahnstocher fixieren.

Öl in einer Pfanne erhitzen. Die Speckdatteln darin von allen Seiten knusprig braun braten. Herausnehmen und auf Küchenpapier entfetten. Warm oder kalt genießen.

Tipp

Das Rezept könnt ihr, wenn ihr mögt, auch mit Kurpflaumen zubereiten.

Antipasti-Spieße
mit Prosciutto Crudo

Für 16 Spieße

Für das Dressing:
2 Stängel Thymian
1 Stängel Rosmarin
1 EL weißer
Balsamico-Essig
Salz
Pfeffer aus der Mühle
1 Prise Zucker
2 EL Olivenöl

Für die Spieße:
1 Zucchini
Olivenöl zum Braten
8 Scheiben
Prosciutto Crudo (roher
italienischer Schinken)
8 grüne Oliven ohne Stein
8 schwarze Oliven
ohne Stein
16 Kirschtomaten
1 Packung Mini-
Mozzarella-Kugeln (125 g)
Crema di Balsamico
zum Beträufeln

Außerdem:
16 Bambusspießchen oder
Zahnstocher

Wenn es euch zu mühsam ist, die dünnen Zucchinischeiben zu hobeln und zu braten, könnt ihr die Zucchini auch in 16 Würfel schneiden, in der Pfanne braten, mit dem Dressing mischen und auf die Spieße stecken.

Für das Dressing die Kräuter waschen und trocken schütteln. Blättchen bzw. Nadeln von den Stängeln streifen und hacken. Die Kräuter in einer Schüssel mit Balsamico, Salz, Pfeffer und Zucker verrühren. Zum Schluss das Olivenöl untermischen.
Für die Spieße die Zucchini putzen, waschen und längs in dünne Scheiben schneiden (es sollte 8 Scheiben ergeben). Das geht am besten mit einer Schneidemaschine oder einem Gemüsehobel. Olivenöl in einer beschichteten Pfanne erhitzen. Die Zucchinischeiben darin portionsweise von beiden Seiten anbraten. Herausnehmen, auf eine Platte legen, von beiden Seiten mit dem Dressing bestreichen, quer halbieren und die Hälften aufrollen.
Die Schinkenscheiben quer halbieren und ebenfalls aufrollen. Auf jeden Spieß nacheinander 1 Olive, 1 gewaschene Kirschtomate, 1 Mozzarellakugel, 1 Schinken- und 1 Zucchiniröllchen aufstecken. Die fertigen Spieße auf eine Platte legen und mit Crema di Balsamico beträufelt servieren.

Pumpernickel-Canapés
mit Lachs und Roastbeef

Für 12 Stück

4 Stängel Dill
200 g Meerrettichfrischkäse
3 Scheiben Räucherlachs
3 Scheiben Roastbeef
12 Pumpernickeltaler
1 Bio-Zitronenscheibe
2 Kirschtomaten
Dill und Petersilienblättchen
zum Garnieren

Außerdem:
1 Spritzbeutel mit Sterntülle

Pumpernickel ist saftig, hat einen kräftigen Geschmack und eine leicht karamellige Note. Die perfekte Grundlage für diese leckeren Canapés.

Den Dill waschen und trocken schütteln. Von groben Stielen befreien und hacken. Dill und Meerrettichfrischkäse in einer Schüssel verrühren und die Mischung in einen Spritzbeutel mit Sterntülle füllen.

Lachs- und Roastbeefscheiben quer halbieren. Die Hälften einmal zusammenklappen.

Die Pumpernickelscheiben auslegen und zur Hälfte mit Lachs, zur Hälfte mit Roastbeef belegen. Je 1 dicken Tupfen Meerrettichfrischkäse obenauf setzen.

Die Zitronenscheibe in 6 Schnitze schneiden. Die Kirschtomaten waschen und dritteln.

Die Lachs-Canapés mit 1 Zitronenschnitz und 1 Dillfähnchen garnieren. Die Roastbeef-Canapés mit 1 Tomatendrittel und 1 Petersilienblättchen dekorieren. Die Taler bis zum Verzehr kalt stellen.

Zucchiniröllchen
mit Spinat und Feta

Für 12 Stück

Saftige vegetarische Leckerbissen mit griechisch-türkischem Touch.

1 Zucchini
Olivenöl zum Braten
2 TL getrocknete
italienische Kräuter
2 Handvoll Baby-
Blattspinat
75 g Feta
12 getrocknete
Tomatenstücke in Öl

Außerdem:
12 Bambusspießchen oder
Zahnstocher

Zucchini putzen, waschen und längs in 6 Scheiben schneiden. Das geht am besten mit einer Schneidemaschine oder einem Gemüsehobel. Olivenöl in einer beschichteten Pfanne erhitzen und die Zucchinischeiben darin von beiden Seiten goldbraun braten. Herausnehmen, mit italienischen Kräutern bestreuen und quer halbieren.

Den Babyspinat waschen und trocken schleudern. Den Feta in 12 Stücke schneiden. Die getrockneten Tomaten auf Küchenpapier abtropfen lassen.

Auf jedes Stück Zucchinischeibe einige Spinatblätter, 1 Stück Feta und 1 getrocknete Tomate legen. Fest aufrollen und mit einem Spießchen oder Zahnstocher fixieren. Die Röllchen bis zum Verzehr kalt stellen.

You are my only One
Candlelight-Menüs

Es gibt viele Gründe, einmal danke zu sagen. Danke für die Liebe, das Vertrauen, die gemeinsam verbrachte Zeit …
So ein liebevoll zubereitetes Candlelight-Menü eignet sich dafür ganz besonders gut. Auch zum Geburtstag oder zum Jahrestag eures Kennenlernens könnt ihr eure/-n Liebste/ n mit einem tollen Essen überraschen oder ihr feiert damit einfach eure Zweisamkeit.

Mediterranes Menü

*

Karibisches Menü

*

Indisches Menü

Mediterranes Menü

Dieses sommerliche Menü enthält so manches Aphrodisiakum:
Tomaten, die ja auch Liebesäpfel genannt werden, Granatapfelkerne,
Spargel – all diesen Zutaten sagt man anregende Wirkung nach.
Ob's funktioniert? Probiert es einfach aus!

Aperol Spritz

*

Tomaten-Orangen-Carpaccio mit Granatapfelkernen

*

Lachs mit Zitronenbutter auf Spargelrisotto

*

Cassata mit Himbeeren

Aperol Spritz
typisch italienisch

Pro Portion

3 Eiswürfel
6 cl Prosecco
4 cl Aperol
2 cl Mineralwasser medium

Ein Aperol Spritz ist quasi das Sinnbild der roten Sonne, die bei Capri im Meer versinkt! Und mit diesem Aperitif fühlt ihr euch, als säßet ihr bei einem lauen Abendlüftchen in einer italienischen Hafenbar.

Die Eiswürfel in ein Weinglas geben. Prosecco und Aperol zugießen und mit Mineralwasser aufgießen. Sofort servieren.

Tipp

Aperol ist ein Markenname. Der Aperitif wurde Anfang des 20. Jahrhunderts erfunden und wird bis heute aus Rhabarber, Chinarinde, Gelbem Enzian, Bitterorange und aromatischen Kräutern hergestellt. Er hat eine leuchtend orange-rote Farbe und einen bittersüßen Geschmack. Ihr könnt den Likör auch für andere Mixgetränke verwenden oder pur genießen.

Tomaten-Orangen-Carpaccio
mit Granatapfelkernen

Für 2 Portionen

2 große Tomaten
(Fleischtomaten oder
Ochsenherzen)
2 Orangen
4 EL Olivenöl extra vergine
grobes Meersalz
schwarzer Pfeffer
aus der Mühle
½ Granatapfel
1 Frühlingszwiebel
Crema di Balsamico zum
Beträufeln

Diese ebenso schlichte wie raffinierte Vorspeise lebt von der Qualität ihrer Zutaten. Die Tomaten sollten reif und aromatisch sein, die Orangen saftig und süß. Zusammen mit hochwertigem kalt gepresstem Olivenöl ergibt das Genuss pur!

Die Tomaten waschen, in Scheiben schneiden, dabei vom Stielansatz befreien. Die Orangen mit einem scharfen Messer so schälen, dass die weiße Innenhaut mit entfernt wird, den Saft dabei auffangen. Dann ebenfalls in Scheiben schneiden. Tomaten- und Orangenscheiben auf 2 Tellern anrichten. Mit dem aufgefangenen Saft und dem Olivenöl beträufeln und mit Salz und Pfeffer würzen.
Die Granatapfelkerne aus der Schale klopfen. Die Frühlingszwiebel putzen, waschen und in Ringe schneiden. Beides über das Carpaccio streuen. Mit Crema di Balsamico dekorativ beträufeln und sofort servieren.

Lachs mit Zitronenbutter
auf Spargelrisotto

Für 2 Portionen

Für den Lachs:
1 Bio-Zitrone
einige Stängel Dill
3 EL weiche Butter
Salz
Pfeffer aus der Mühle
Fett für die Form
2 Lachsfilets (à 150 g)

Für das Risotto:
250 g grüner Spargel
1 Frühlingszwiebel
2 EL Olivenöl
100 g Risottoreis
(z. B. Arborio)
75 ml Weißwein
250 ml heiße Gemüse- oder
Fischbrühe (instant)
50 g Crème fraîche
Salz
Pfeffer aus der Mühle

Außerdem:
1 Zestenreißer

Ein perfektes Risotto soll cremig sein, aber noch Biss haben. Übung macht den Meister!

Für den Lachs den Backofen auf 150 °C Ober-/Unterhitze (Umluft 130 °C) vorheizen. Die Zitrone heiß abwaschen und trocken reiben. Mit einem Zestenreißer Zesten von der Schale abziehen. Die Zitrone halbieren. 1 Hälfte auspressen, die andere in dünne Scheiben schneiden. Den Dill waschen, trocken schütteln, die Fähnchen abzupfen und hacken.

Die Butter in einer Schüssel mit Salz, Pfeffer und Zitronenzesten verrühren. Eine Auflaufform fetten. Die Lachsfilets waschen, trocken tupfen, in die Form legen und mit Zitronensaft beträufeln. Im vorgeheizten Backofen auf mittlerer Schiene 10 Minuten garen. Dann die Zitronenbutter auf dem Fisch verteilen und weitere 10 Minuten garen.

Inzwischen für den Risotto Spargel waschen, das untere Drittel schälen und die Enden abschneiden. Die Stangen in 3–4 cm lange Stücke schneiden. Frühlingszwiebel putzen, waschen und in Ringe schneiden. Olivenöl in einer hochwandigen Pfanne erhitzen. Die Spargelstücke darin anbraten, herausnehmen und beiseitestellen. Zwiebelringe und Reis im verbliebenen Öl glasig dünsten. Mit Wein ablöschen. Die Brühe nach und nach angießen und den Reis unter Rühren köcheln lassen, bis fast keine Flüssigkeit mehr vorhanden ist. Der Risotto ist nach 20–25 Minuten gar. Nach 10 Minuten die Spargelstücke wieder zugeben. Zum Schluss Crème fraîche unterrühren, salzen und pfeffern.

Den Lachs auf dem Risotto anrichten, mit Dill bestreuen und mit Zitronenscheiben garnieren. Sofort servieren.

Cassata
mit Himbeeren

Für 2 Portionen

50 g Rosinen
4 EL Rum
500 ml gutes Vanilleeis
abgeriebene Schale von
½ Bio-Zitrone
20 g gesalzene
Pistazienkerne
50 g TK-Himbeeren
gehackte Pistazien zum
Garnieren

Hier könnt ihr ein bisschen mogeln und fertiges Vanilleeis verwenden, statt selbst Eiscreme herzustellen. Nicht vergessen, die Cassata schon am Vortag zuzubereiten!

Am Vortag die Rosinen in einem Sieb abwaschen, abtropfen lassen und in einem Schälchen mit dem Rum mischen. Das Vanilleeis in eine Schüssel geben und antauen lassen, bis es sich rühren lässt (nicht komplett auftauen).

Die abgeriebene Zitronenschale zugeben. Die Pistazien schälen, hacken und zum Eis geben. Die Himbeeren unaufgetaut hacken und zufügen. Die Rosinen samt Rum ebenfalls in die Schüssel geben. Alles mit einem Teigschaber gut vermischen. Die Mischung in 2 kuppelförmige Schälchen füllen, mit Frischhaltefolie verschließen und über Nacht oder mindestens 4 Stunden in den Gefrierschrank stellen.

Kurz vor dem Verzehr die Schälchen aus dem Eisfach nehmen, vorsichtig in heißes Wasser tauchen und die Cassata auf Dessertteller stürzen. Mit gehackten Pistazien bestreut servieren.

Karibisches Menü

Kokos, Ananas, Schokolade und Chili, das sind typische Zutaten der Küche Kubas oder Jamaikas. Da kommt so richtig Karibik-Feeling auf! Sowohl Chili als auch Schokolade wird aphrodisierende Wirkung nachgesagt und daher passen die beiden Zutaten prima in ein Liebesmenü.

Piña Colada

*

Fenchel-Ananas-Mango-Salat

*

Pollo con Mole

*

Papaya-Pfirsich-Flan

Piña Colada
Kokos-Rum-Cocktail

Pro Portion

Für den Cocktail:
2 cl Rum
2 cl Cream of Coconut
(Kokosnuss-Sirup)
4 cl Ananassaft
1 cl Sahne
2 Eiswürfel

Zum Garnieren:
Kokosraspel
1 Cocktailkirsche
1 Minzeblättchen
1 Stück Ananas
1 Cocktail-Schirmchen

Für diesen Aperitif wurden die Mengen, die man übli-cherweise für diesen typisch karibischen Cocktail mixt, halbiert. So passt er erstens in ein Cocktailglas und ist zweitens etwas weniger berauschend …

Rum, Cream of Coconut, Ananassaft und Sahne in einen Mi-xer geben und gut durchmixen. Die Eiswürfel grob zerstoßen. Kokosraspel in eine Untertasse füllen. Den Rand eines Cock-tailglases befeuchten und in den Kokosraspeln drehen.
Eis in das Glas geben und den Cocktail darübergießen. Cocktailkirsche, Minzeblättchen und Ananas auf ein Cock-tailschirmchen spießen und auf den Glasrand legen.

Fenchel-Ananas-Mango-Salat
mit gebratenen Garnelen

Für 2 Portionen

1 kleiner Fenchel
¼ geschälte Ananas
½ Mango
8 rohe mittelgroße
Riesengarnelen, ungeschält
2 EL Sonnenblumenöl
Saft und abgeriebene Schale
von 1 Bio-Orange
1 EL Zitronensaft
4 EL Olivenöl
Salz
Cayennepfeffer
je 2 Stängel frischer
Koriander und Minze
Korianderblättchen und
Dill zum Garnieren

Dieser kreolische Salat bildet einen leichten und erfrischenden Auftakt zum Karibik-Menü.

Fenchel putzen, waschen und halbieren, den Strunk keilförmig herausschneiden. Die Knolle in feine Streifen schneiden. Die Ananas würfeln. Die Mangohälfte mit einem Sparschäler schälen, das Fruchtfleisch in feine Scheiben vom Stein schneiden.
Fenchel, Ananas und Mango in einer Schüssel mischen. Die Garnelen waschen und mit Küchenpapier trocken tupfen. Sonnenblumenöl in einer großen Pfanne erhitzen. Die ungeschälten Garnelen darin etwa 4 Minuten rundum braten. Herausnehmen und schälen (die Schalen aufbewahren). Die Garnelenschalen und -köpfe zurück in die Pfanne geben und kurz rösten. Dann mit dem Orangensaft ablöschen. Orangenschale zugeben und die Flüssigkeit 1 Minute köcheln lassen. Danach durch ein Sieb in eine kleine Schüssel abseihen. Zitronensaft und Olivenöl unterquirlen.
Das Dressing kräftig mit Salz und Cayennepfeffer würzen. Die Kräuter waschen und trocken schütteln. Die Blättchen abzupfen, hacken und untermischen. Das Dressing über den Salat geben und alles durchmischen. Den Salat auf 2 Tellern verteilen und die gebratenen Garnelen darauf anrichten. Mit Korianderblättchen und Dill garniert servieren.

Pollo con Mole
Hähnchen in Schoko-Chili-Sauce

Für 2 Portionen

Für die Mole:
1 Zwiebel
2 Knoblauchzehen
1 rote Chilischote
Öl zum Braten
1 Msp. Anis
¼ TL Zimt
Salz
Pfeffer aus der Mühle
1 TL Limettensaft
1 TL Tomatenmark
1 TL ungesüßter Kakao
125 ml Hühnerbrühe
(Instant)
125 g passierte Tomaten
(aus der Dose)
30 g gemahlene Mandeln

Für das Hähnchen:
300 g Hähnchenfilet
Salz
Pfeffer aus der Mühle
Öl zum Braten
Limettenscheiben zum
Garnieren

Mole, das Wort stammt aus der Sprache der Ureinwohner Mexikos und steht für Sauce oder Mischmasch. Es gibt wohl Tausende verschiedene Rezepte für dieses Nationalgericht, aber Schokolade und Chili kommen eigentlich immer darin vor. Schließlich macht Schokolade glücklich!

Für die Mole die Zwiebel schälen und fein würfeln. Knoblauch schälen und fein hacken. Chili putzen, waschen und ebenfalls fein hacken. Öl in einem Topf erhitzen. Zwiebel-, Knoblauch- und Chiliwürfel darin anbraten. Mit Anis, Zimt, Salz, Pfeffer und Limettensaft würzen.

Das Tomatenmark zugeben und kurz mit anschwitzen. Den Kakao in der Hühnerbrühe glatt rühren und zugießen. Passierte Tomaten und gemahlene Mandeln einrühren und alles zum Kochen bringen. Die Mole ca. 20 Minuten köcheln lassen und dabei gelegentlich umrühren.

Inzwischen die Hähnchenfilets waschen, mit Küchenpapier trocken tupfen und mit Salz und Pfeffer würzen.

Öl in einer Grillpfanne erhitzen. Das Fleisch darin von jeder Seite 4–5 Minuten braten, bis es durchgegart ist. Herausnehmen und in Scheiben schneiden.

Die Mole nochmals kräftig mit Salz, Pfeffer und Limettensaft abschmecken und auf 2 Teller geben. Das Fleisch darauf anrichten und mit Limettenscheiben garnieren. Dazu passt Reis.

Tipp

Für eine Reis-Timbale wie auf dem Foto ein kuppelförmiges Schälchen mit Reis füllen, dabei diesen etwas andrücken. Auf einen Teller stürzen und mit Paprikapulver bestäuben.

Papaya-Pfirsich-Flan
mit Karamell

Für 3 Portionen

90 g Zucker
50 ml Wasser
Butter für die Förmchen
1 kleiner Pfirsich
1 kleine Papaya
Saft von ½ Zitrone
125 ml Sahne
2 Eier
Zitronenmelisseblättchen
zum Garnieren

Außerdem:
3 Soufflé-Förmchen
(ca. 150 ml Inhalt)

Achtung, der Flan muss über Nacht abkühlen, also schon am Vortag zubereiten!

Vom Zucker 30 g abnehmen, in einem Topf schmelzen und hell karamellisieren lassen. Mit dem Wasser ablöschen und sämig einkochen. 3 Förmchen buttern. Den Karamell auf die Förmchen verteilen und abkühlen lassen.

Den Backofen auf 150 °C Ober-/Unterhitze (Umluft 130 °C) vorheizen. Den Pfirsich waschen, halbieren und vom Stein befreien. Die Papaya vierteln und die Kerne herauskratzen. 1 Pfirsichhälfte und 2 Papayaviertel schälen, grob würfeln, in eine Schüssel geben, mit Zitronensaft beträufeln und mit dem Stabmixer fein pürieren. Die Sahne und den restlichen Zucker unterrühren. Die Eier zugeben und alles glatt rühren. Die Flan-Masse vorsichtig auf die Souffléförmchen verteilen. Eine passend große Auflaufform 2 cm hoch mit Wasser füllen. Die Souffléförmchen hineinstellen und die Flans im vorgeheizten Backofen ca. 1 Stunde stocken lassen.

Herausnehmen, abkühlen lassen und über Nacht kalt stellen. Zum Servieren die Flans vorsichtig rundum mit einem schmalen Messer vom Förmchenrand lösen und auf Dessertteller stürzen. Die verbliebenen Papayaviertel und die Pfirsichhälfte in Spalten schneiden. Die Flans mit Obstspalten und Zitronenmelisseblättchen garnieren.

Tipp

Die dritte Portion können sich zwei Naschkatzen teilen …

Indisches Menü

Damit hier nicht nur fleischfressende Pflanzen auf ihre Kosten kommen, runden wir das Kapitel mit einem vegetarischen Menü samt alkoholfreiem Getränk ab. Die indische Küche ist dafür genau die richtige, denn hier gibt es viele unfassbar leckere vegetarische Gerichte. Obwohl es auf dem indischen Subkontinent eher heiß ist, passt dieses Menü gut in die kalte Jahreshälfte.

Mango-Lassi

*

Süßkartoffel-Möhren-Suppe

*

Garam-Masala-Gemüse-Curry

*

Kardamom-Honig-Eis

Mango-Lassi
mit Kardamom

Für 2 Portionen

3–6 Eiswürfel
½ Mango
375 ml Joghurt
3 TL Zucker
1 Messerspitze gemahlener
grüner Kardamom
gehackte Pistazien zum
Garnieren

Der erfrischende Mango-Lassi ist so etwas wie ein indisches Nationalgetränk. Lassi kann auch mit anderen Früchten zubereitet werden.

Die Eiswürfel zerstoßen. Die Mango mit dem Sparschäler schälen, das Fruchtfleisch vom Kern schneiden und würfeln. Eis und Mangowürfel im Mixer mit Joghurt, Zucker und Kardamom pürieren und schaumig aufschlagen.
Den Lassi in Trinkgläser füllen und mit gehackten Pistazien bestreut servieren.

Tipp
Wenn ihr keinen Standmixer habt, könnt ihr statt der Eiswürfel 125 ml eiskaltes Wasser nehmen und den Lassi mit dem Pürierstab aufschäumen.

Süßkartoffel-Möhren-Suppe
mit Ingwer

Für 2 Portionen

1 Schalotte
1 Knoblauchzehe
250 g Süßkartoffel
100 g Möhren
1 Stück frischer Ingwer
(ca. 10 g)
1 EL Olivenöl
500 ml Gemüsebrühe
(instant)
Salz
Pfeffer aus der Mühle
1 TL Currypulver
½ TL gemahlene Kurkuma
50 g Crème fraîche

So ein Cremesüppchen ist ein echter Herzwärmer und sorgt für Rundum-Wohlfühl-Glück.

Schalotte und Knoblauch schälen und hacken. Süßkartoffeln und Möhren putzen, schälen und würfeln. Den Ingwer schälen und fein reiben.

Olivenöl in einem Topf erhitzen, Schalotten- und Knoblauchwürfel darin hell anschwitzen. Süßkartoffel- und Möhrenwürfel sowie den Ingwer zugeben und kurz anbraten.

Die Brühe angießen, alles durchrühren und 20 Minuten zugedeckt köcheln lassen.

Die Suppe mit Salz, Pfeffer, Currypulver und Kurkuma würzen, einige Gemüsewürfel herausnehmen und beiseite stellen. Den Rest mit dem Stabmixer fein pürieren. Zum Schluss die Crème fraîche unterrühren und die Suppe mit den beiseitegestellten Gemüsewürfeln garniert servieren.

Garam-Masala-Gemüse-Curry
mit Kokosmilch

Für 2–4 Portionen

1 kleine Zwiebel
1 Kartoffel (festkochend)
2 Möhren
500 g Brokkoli
je 1 kleine rote und
gelbe Paprikaschote
Öl zum Braten
2 TL Garam Masala
1 TL frisch geriebener
Ingwer
200 ml Kokosmilch
2 Zimtstangen
1–2 TL Salz
400 g Kichererbsen
(aus der Dose)
100 g ungesalzene
Cashewkerne
Korianderblättchen zum
Garnieren

Garam Masala ist eine indische Gewürzmischung. Sie enthält zum Beispiel Kreuzkümmel, Koriander, gemahlenen Muskat, schwarzen Pfeffer, Kardamom, Gewürznelken, Zimt und Lorbeer. Curry steht hier nicht für das Gewürz, sondern für die Zubereitungsart.

Die Zwiebel schälen und hacken. Die Kartoffel schälen, waschen und würfeln. Die Möhren schälen, putzen und würfeln. Brokkoli putzen, waschen und in Röschen teilen. Den Strunk schälen und würfeln. Paprikaschoten putzen, waschen und in kleine Stücke schneiden.

Öl in einer großen, schweren Pfanne erhitzen, die Zwiebelwürfel darin glasig dünsten. Garam Masala in die Pfanne geben und ca. 30 Sekunden mitbraten. Dabei ständig rühren. Ingwer zugeben und kurz mitbraten. Kartoffel- und Möhrenwürfel zugeben und unterrühren. Dann Paprika und Brokkoli ebenfalls zugeben. Kokosmilch angießen, die Zimtstangen einlegen und das Curry salzen. Zugedeckt auf kleiner Flamme garen, bis die Gemüsestücke bissfest sind.

Kurz vor Ende der Garzeit die Kichererbsen in einem Sieb abtropfen lassen und mit den unzerkleinerten Cashewkernen unterrühren. Die Zimtstangen entfernen, das Curry in eine Schüssel füllen und mit Korianderblättchen garnieren.

Tipp

Dazu passen indische Papadams als Beilage. Papadams bekommt man als flache, runde Teigfladen im orientalischen Supermarkt oder im gut sortierten Lebensmittelgeschäft. Sie werden in reichlich heißem Fett ausgebacken und gehen dabei in dicken Blasen auf.

Kardamom-Honig-Eis
mit Mandarinen

Für 2–3 Portionen

Für die Eiscreme:
4–5 grüne Kardamomkapseln
Saft und abgeriebene Schale von ½ Bio-Orange
1 EL Limettensaft
25 g Puderzucker
2 Eigelb
25 g Honig
100 ml Sahne

Für die Ingwersahne:
10 g frischer Ingwer
40 ml Sahne
10 g Puderzucker

Für den Honigsirup:
50 g Honig
1 EL Limettensaft
½ TL gemahlener Zimt
Mark von ½ Vanilleschote

Zum Garnieren:
2 Mandarinen
Zitronenmelisseblättchen

Außerdem:
2 Förmchen à ca. 150 ml

Nicht vergessen: Dieses Dessert gefriert über Nacht und sollte daher schon am Vortag zubereitet werden!

Für die Eiscreme die Kardamomkapseln grob zerstoßen und mit Orangensaft, Limettensaft und Puderzucker in einen kleinen Topf geben. Die Mischung zum Kochen bringen und sirupartig einkochen lassen.

Die Eigelbe mit der abgeriebenen Orangenschale und dem Honig in eine Schüssel geben und mit dem Schneebesen schaumig schlagen. Den heißen Orangensirup durch ein feines Sieb abseihen und unter die Eimasse rühren.

Die Creme über einem kalten Wasserbad rühren, bis sie vollständig abgekühlt ist.

Die Sahne in eine Schüssel geben, mit dem Handrührgerät steif schlagen und unter die Creme heben. Die Creme in Förmchen füllen und mindestens 8 Stunden, am besten aber über Nacht ins Eisfach stellen.

Am nächsten Tag für die Ingwersahne den Ingwer schälen und fein reiben. Die Sahne mit dem Zucker in eine Schüssel geben und mit dem Handrührgerät steif schlagen. Dann den Ingwer unterrühren.

Für den Honigsirup den Honig in einer Schüssel mit Limettensaft, Zimt und Vanillemark verrühren.

Das Eis in der Form kurz in heißes Wasser tauchen und auf Dessertteller stürzen. Die Mandarinen schälen und quer in Scheiben schneiden. Die Mandarinenscheiben neben dem Eis anrichten. Einen Tupfen Ingwersahne danebensetzen und das Kardamomeis mit Honigsirup beträufelt und einem Zitronenmelisseblättchen garniert servieren.

Be my Valentine
Süßes zum Valentinstag

Der Tag des Heiligen Valentin, der 14. Februar, ist für manches verliebte Paar ein sehr bedeutsamer Termin. Es geht darum, die gegenseitige Liebe zu zeigen, zu feiern und zu erneuern.

Hier findet ihr viele süße Kleinigkeiten, mit denen ihr euren Liebsten eine besondere Freude machen könnt. Und das natürlich nicht nur am Valentinstag!

Karamell-Fudge
mit Macadamianüssen und Pistazien

Für ca. 80 Stück

Fudge, das sind diese buttrigen Karamellen aus England. Sie sind herrlich mürbe und zergehen auf der Zunge …

1 Dose Kondensmilch
(320 ml)
150 ml Milch
350 g brauner Zucker
100 g Butter
60 g gesalzene
Macadamianüsse
25 g gesalzene
Pistazienkerne
2 EL Kokosraspel

Am Vortag die Kondensmilch mit Milch, braunem Zucker und Butter in einen Topf geben und zum Kochen bringen. Die Masse so lange sprudelnd kochen lassen und dabei mit einem Holzlöffel rühren, bis dieser am Topfboden eine »Straße« hinterlässt. Das dauert ca. 45 Minuten.
Den Topf vom Herd nehmen und weiterrühren, bis die Konsistenz dicker wird und die Masse sich zusammenzieht. Macadamianüsse und Pistazienkerne grob hacken und unterrühren. Eine flache Form von ca. 20 x 20 cm mit Backpapier auslegen. Die Fudge-Masse hineingießen, glatt streichen und mit Kokosraspeln bestreuen. Die Form über Nacht abgedeckt kalt stellen.
Am nächsten Tag die Fudgeplatte aus der Form heben und in Stücke von ca. 2 x 2 cm schneiden. Die Karamellen in einer Dose an einem kühlen Ort aufbewahren.

Mini-Cheesecakes
mit Erdbeeren

Für 6 Stück

Für den Boden:
Butter für das Muffinblech
120 g Butter
120 g Amarettini

Für den Belag:
80 g weiche Butter
80 g Zucker
1 Päckchen Vanillezucker
2 Eier
250 g Sahnequark
200 g Sahnefrischkäse
2 TL Speisestärke
abgeriebene Schale von
½ Bio-Zitrone

Für die Sauce:
200 g Erdbeeren
(frisch oder TK)
2 EL Zucker
1 EL Zitronensaft

Außerdem:
1 Muffinblech
mit 6 Mulden

Kleine Käseküchlein mit Keksboden und fruchtiger Sauce – köstlich!

Den Backofen auf 180 °C Ober-/Unterhitze (Umluft 160 °C) vorheizen. Das Muffinblech buttern.

Für die Böden die Butter in einem Topf schmelzen und in eine Schüssel gießen. Die Amarettini in einen Gefrierbeutel füllen und mit der Teigrolle zu feinen Bröseln zermahlen. Die Brösel mit der Butter vermengen, die Mischung auf die Muffinmulden verteilen und gut andrücken.

Für den Belag Butter, Zucker und Vanillezucker in einer Schüssel mit dem Handrührgerät schaumig rühren. Nach und nach Eier, Quark und Frischkäse unterrühren. Die Speisestärke dazusieben, den Zitronenabrieb zum Teig geben und unterrühren.

Die Quarkmasse anteilig auf die Keksböden geben und das Muffinblech in den Ofen schieben. Im vorgeheizten Backofen auf der zweiten Schiene von oben 20–25 Minuten backen. Herausnehmen und 10 Minuten stehen lassen, dann die Cheesecakes aus den Mulden lösen und vollständig abkühlen lassen.

Für die Sauce frische Erdbeeren waschen und entstielen, TK-Erdbeeren auftauen lassen. Die Früchte mit Zucker und Zitronensaft im Mixer fein pürieren.

Beim Abkühlen entsteht eine Mulde in der Mitte der Mini-Cheesecakes. Dahinein zum Servieren die Erdbeersauce gießen und den Rest extra dazu reichen.

Weiß-roter Schokoladenbruch
mit Himbeeren

Für ca. ½ Blech

100 g TK-Himbeeren
50 g Gelierzucker 1 : 1
1 Spritzer Zitronensaft
600 g weiße
Blockschokolade

Außerdem:
1 Holzstäbchen

Ein Traum in Weiß und Rot, sehr lecker und besonders hübsch anzusehen.

Die Himbeeren auftauen lassen und durch ein Sieb in einen kleinen Topf drücken, um die Kerne zu entfernen.

Das Mus mit Gelierzucker und Zitronensaft mischen, erhitzen und 2 Minuten kochen lassen. Vom Herd nehmen und beiseitestellen.

Die Schokolade hacken, in eine Schüssel geben und über einem heißen Wasserbad unter Rühren schmelzen. Sofort vom Wasserbad nehmen, wenn sie sich aufgelöst hat.

Ein Backblech mit Backpapier auslegen. Die flüssige Schokolade daraufgießen und mit einem Teigschaber gleichmäßig dick verstreichen.

Das Himbeermus auf die Schokolade träufeln. Mit einem Holzstäbchen, zum Beispiel einem Schaschlikspieß, kreuz und quer ein Wellenmuster hineinziehen, bis eine hübsche Marmorzeichnung entstanden ist.

Die Schokolade an einem kühlen Ort (nicht im Kühlschrank) vollständig abkühlen lassen und danach in mundgerechte Stücke brechen. Bis zum Verzehr zwischen Lagen von Butterbrot- oder Backpapier in einer Dose aufheben.

Tipp

Zum Verschenken könnt ihr den Schokoladenbruch in einen Zellophanbeutel füllen und mit einer rosa Schleife verschließen. So kommt er besonders gut zur Geltung.

Schoko-Herzpralinen
mit Salzkaramell-Füllung

Für 15 Stück

50 g Zucker
20 g Butter
½ TL grobes Meersalz
40 ml Sahne
150 g Zartbitterschokolade

Außerdem:
1 Silikonform für
herzförmige Pralinen
Lebensmittel-Goldpuder
zum Verzieren

Goldgepuderte Schokoladenherzen – deutlicher kann eine Liebesbotschaft kaum sein!

Den Zucker in einer beschichteten Pfanne bei mittlerer Hitze schmelzen lassen. Dabei nicht rühren, bis er zu bräunen beginnt. Die Butter in Flöckchen zugeben, das Salz einstreuen und schmelzen lassen, dabei die Pfanne nur leicht schwenken. Dann die Sahne unterrühren und alles ca. 2 Minuten köcheln lassen. Die Karamellmasse in eine Schüssel füllen und abkühlen lassen.

Die Schokolade grob hacken und in einer Schüssel über einem heißen Wasserbad schmelzen. Je 1 gehäuften TL geschmolzene Schokolade in jede Mulde der Pralinenform füllen. Dabei die Form hin und her schwenken, damit die Schokolade sich gleichmäßig verteilt. Kurz abkühlen lassen. Jetzt ca. 1 TL Karamell in jede Mulde geben. Die restliche Schokolade gegebenenfalls wieder erwärmen und jede Praline mit ½ TL flüssiger Schokolade verschließen. Dabei die Form wieder schwenken, um die Schokolade zu verteilen. Die Pralinen an einem kühlen Ort (nicht im Kühlschrank) fest werden lassen. Dann mit einem Pinsel den Goldpuder auftragen. Die Pralinen in einer Dose an einem kühlen Ort aufbewahren.

Aprikosen-Erdbeer-Eis
am Stiel

Für 4 Stück

150 g Aprikosen
150 g Joghurt (10 % Fett)
4–6 EL Akazienhonig
150 g Erdbeeren

Außerdem:
4 Formen für Eis am Stiel
4 Holzstiele für Eis am Stiel

Zugegeben, im Februar isst man nicht so häufig Eis am Stiel. Trotzdem möchten wir euch diese hübschen, fruchtigen Popsicles nicht vorenthalten. Schließlich schmecken sie nicht nur am Valentinstag.

Am Vortag die Aprikosen waschen und trocken reiben. Dann halbieren, vom Stein befreien und in kleine Stücke schneiden. Die Fruchtstücke in einer Schüssel mit der Hälfte des Joghurts vermischen und mit 2–3 EL Akazienhonig süßen. Die Erdbeeren entstielen, waschen, und im Mixer pürieren. ⅔ der Menge in einer Schüssel mit dem restlichen Joghurt verrühren und mit dem restlichen Akazienhonig süßen. Abwechselnd Aprikosenjoghurt, Erdbeerjoghurt und Erdbeermus auf die Eisformen verteilen. Die Formen verschließen und einen Stiel hineinstecken.
Das Eis über Nacht gefrieren lassen. Zum Herauslösen aus der Form das Eis kurz unter warmes Wasser halten.

Rosa Mousse-Törtchen
mit Himbeerguss

Für 4 Törtchen

Für den Boden:
70 g Butter
150 g Cantuccini

Für die Mousse:
125 g Himbeeren
(frisch oder TK, aufgetaut)
1 ½ Blatt weiße Gelatine
75 g Magerquark
35 g Mascarpone
25 g Puderzucker
Saft und abgeriebene Schale
von ½ Bio-Zitrone
100 ml Sahne

Für den Guss:
2 Blatt Gelatine
150 g Himbeeren
(frisch oder TK, aufgetaut)
3 EL Zucker
1 Handvoll Himbeeren
zum Garnieren

Außerdem:
4 kleine Tortenringe
von 8 cm Durchmesser

Diese Törtchen sehen spektakulär aus, sind aber überhaupt nicht schwer zu machen!

Für die Böden am Vortag die Butter schmelzen lassen und in eine Schüssel gießen. Die Cantuccini in einen Gefrierbeutel füllen und mit der Teigrolle zu feinen Bröseln zermahlen. Brösel mit der Butter vermengen. Die Tortenringe auf eine mit Backpapier ausgelegte ebene Platte setzen, die Brösel hineinfüllen und gut andrücken.

Für die Mousse die Himbeeren pürieren und durch ein Sieb streichen. Das Mus beiseitestellen. Die Gelatine in kaltem Wasser einweichen. Quark und Mascarpone in einer Schüssel mit dem Puderzucker verrühren. Zitronensaft und -schale zugeben. Die Sahne steif schlagen.

1 EL Himbeermus erwärmen und die ausgedrückte Gelatine darin auflösen. 4 EL der Quarkmasse unterrühren. Die Mischung zur restlichen Quarkmasse geben, Sahne und Himbeermus zugeben und alles verrühren. Die Mousse auf den Böden verteilen und glatt streichen. Die Törtchen für mindestens 4 Stunden kalt stellen, am besten über Nacht.

Für den Guss die Gelatine in kaltem Wasser einweichen. Die Himbeeren pürieren und durch ein Sieb in einen kleinen Topf streichen. Zucker unterrühren. Das Mus einmal aufkochen lassen und vom Herd nehmen. Die Hälfte der Menge in ein Kännchen füllen. In der anderen Hälfte die ausgedrückte Gelatine auflösen. Diese Masse leicht abgekühlt auf den Törtchen verteilen und für 1 weitere Stunde kalt stellen. Die Törtchen auf Dessertteller setzen und vorsichtig aus den Förmchen lösen. Mit frischen Himbeeren garnieren. Das Mus extra dazu reichen.

Schoko-Cakepops
mit Liebesperlen

Für 10 Stück

Für die Cakepops:
50 g Zartbitterschokolade
50 ml Sahne
200 g fertiger
Schokokuchen

Für die Garnitur:
100 g dunkle Kuvertüre
1 TL Kokosöl
Liebesperlen und
Streuherzen

Außerdem:
Stiele für Cakepops
oder Lutscher
1 Stück Styropor

Cakepops sind witzige kugelförmige Kuchen am Stiel.
Vermutlich standen Lollipops Pate für diesen Namen.

Am Vortag die Zartbitterschokolade fein hacken und in eine Schüssel geben. Die Sahne in einem kleinen Topf zum Kochen bringen und über die Schokolade gießen. Rühren, bis diese ganz geschmolzen ist.

Den Schokokuchen in einer Schüssel fein zerkrümeln. Die warme Schokosahne zugeben und alles gut verkneten. Es sollte eine formbare Masse entstehen. Wenn nötig, etwas abkühlen lassen. Aus dem Teig Kugeln von ca. 3 cm Durchmesser formen, diese auf eine mit Backpapier ausgelegte Platte legen und für 1 Stunde kalt stellen.

Die Kuvertüre hacken und mit dem Öl in einer Schüssel über einem heißen Wasserbad schmelzen. Die Kuchenkugeln bereitstellen. Die Cakepop-Stiele ca. 1 cm tief in die geschmolzene Schokolade tauchen, dann von oben her bis in die Mitte der Kugeln stecken. Die Cakepops mit nach oben zeigenden Stielen wieder in den Kühlschrank stellen und über Nacht fest werden lassen.

Am nächsten Tag die verbliebene Schokolade erneut über einem heißen Wasserbad schmelzen. Die Cakepops aus dem Kühlschrank holen. Liebesperlen und Streuherzen in Untertassen geben. Die Cakepops am Stiel festhalten und ganz in die geschmolzene Schokolade tauchen. Überschüssige Schokolade durch vorsichtige Dreh- und Klopfbewegungen gut abtropfen lassen. Die Cakepops in den Liebesperlen wenden oder Streuherzen darauf tupfen, dann mit dem Stiel in ein Stück Styropor stecken und die Schokolade fest werden lassen. Die Cakepops bis zum Verzehr kühl aufbewahren.

In the Summertime when the Weather is fine
Wir machen ein Picknick!

Es ist Sommer, ihr habt den ganzen Tag Zeit und wollt etwas unternehmen. Vielleicht mit den Rädern zum nächsten Baggersee fahren? Schwimmen oder eine Bootstour machen? Wandern gehen oder auf einen nahegelegenen Berg klettern?

Was auf keinen Fall fehlen sollte, ist ein zünftiges Picknick. Das bereitet ihr am besten schon am Vortag zu.

Am Ausflugstag schnell Picknick, Decke, Besteck und Getränke einpacken und dann nichts wie raus! Ist das Leben nicht schön, wenn ihr an einem hübschen Plätzchen (mit Aussicht) in die Sonne blinzelt und euch gegenseitig leckere Häppchen in den Mund schiebt?

Feigen-Tarte
mit Roquefort und Walnüssen

Für 1 Blech

1 Rolle Blätterteig aus dem
Kühlregal (275 g)
200 g Crème fraîche
3 Eier
½ TL grobes Meersalz
schwarzer Pfeffer
aus der Mühle
3 reife blaue Feigen
100 g Roquefort
30 g Walnusskerne
3 Stängel Thymian
Crema di Balsamico zum
Beträufeln

Dieses Rezept ist leicht und schnell zuzubereiten, weil
fertiger Teig verwendet wird. Schmeckt lauwarm und kalt.

Den Backofen auf 180 °C Ober-/Unterhitze (Umluft 160 °C)
vorheizen. Ein Backblech mit Backpapier auslegen und die
Blätterteigplatte darauflegen.

Die Crème fraîche und die Eier in einer Schüssel mit dem
Schneebesen verquirlen, mit Salz und Pfeffer würzen und die
Mischung auf dem Teig verstreichen. Den Teig im vorgeheizten Backofen auf der zweiten Schiene von oben 10 Minuten
vorbacken.

Inzwischen die Feigen waschen, putzen und in Scheiben
schneiden. Den Roquefort zerbröseln. Die Walnüsse grob
hacken. Den Thymian waschen, trocken schütteln und die
Blättchen abstreifen.

Den vorgebackenen Teig aus dem Ofen nehmen, mit Feigen
und Roquefort belegen und mit gehackten Walnüssen und
Thymianblättchen bestreuen.

Tarte wieder in den Ofen schieben und in 10–15 Minuten
fertig backen. Herausnehmen, etwas abkühlen lassen und dekorativ mit Crema di Balsamico beträufeln. Die Tarte in handli-
che Stücke schneiden und warm oder kalt genießen.

Erfrischender Linsensalat
orientalisch angehaucht

Für 2 Portionen

Für den Salat:
125 g Linsen
600 ml Wasser
½ TL gemahlene Kurkuma
1 Msp. Kreuzkümmel
1 kleine Möhre
1 kleine rote Paprikaschote
1 Stange Staudensellerie
¼ Salatgurke
3 Stängel Petersilie
2 Stängel Dill

Für das Dressing:
2 EL Weißweinessig
1 EL Zitronensaft
1 EL Ahornsirup oder Akazienhonig
Salz
Pfeffer aus der Mühle
1 Msp. Kreuzkümmel
2 EL Olivenöl

Der Salat schmeckt gut gekühlt und wenn er ein paar Stunden mit dem Dressing durchziehen konnte, besonders lecker.

Die Linsen in ein Sieb geben, kalt abspülen, abtropfen lassen und mit dem kalten Wasser in einen Topf füllen. Kurkuma und Kreuzkümmel zugeben (nicht salzen) und alles zum Kochen bringen.

Die Möhre putzen, schälen und im Ganzen mit in den Topf geben. Alles 25–30 Minuten köcheln lassen, bis die Linsen bissfest sind. Dann in ein Sieb abgießen, kalt abschrecken und zum Abkühlen in eine Schüssel geben.

Die Paprikaschote und die Selleriestange putzen, waschen und würfeln. Die Gurke schälen und würfeln. Die mitgekochte Möhre ebenfalls würfeln. Das vorbereitete Gemüse zu den Linsen geben und untermischen. Petersilie und Dill waschen und trocken schütteln. Blättchen bzw. Fähnchen abzupfen und fein hacken. Die Kräuter unter den Salat heben.

Für das Dressing Weißweinessig, Zitronensaft und Sirup oder Honig in einer Schüssel verrühren. Mit Salz, Pfeffer und Kreuzkümmel würzen. Zum Schluss das Olivenöl unterrühren. Das Dressing mit dem Salat mischen und diesen vor dem Verzehr mindestens 2 Stunden, besser über Nacht, kalt stellen.

Thunfischbrot
mit Oliven

Für 1 Kastenform von 20 cm

Das überraschend saftige und aromatische Brot ist alternativ auch ein toller Beitrag für ein Partybuffet.

150 g Mehl
1 Päckchen Backpulver
3 Eier
120 ml Milch
90 ml Öl (von getrockneten Tomaten)
2 Dosen Thunfisch im eigenen Saft (à 150 g Abtropfgewicht)
50 g getrocknete Tomaten in Öl
40 g Parmesan
1 Bund Basilikum
100 g grüne Oliven ohne Stein
½ TL grobes Meersalz

Den Backofen auf 180 °C Ober-/Unterhitze (Umluft 160 °C) vorheizen. Mehl und Backpulver in einer Schüssel mischen. Eier und Milch nach und nach mit dem Handrührgerät untermischen. Das Tomatenöl zugeben.

Den Thunfisch in einem Sieb abtropfen lassen und mit den Fingern oder zwei Gabeln zerzupfen. Die getrockneten Tomaten abtropfen lassen und klein schneiden. Den Parmesan reiben. Das Basilikum waschen und trocken schütteln, die Blättchen abzupfen und hacken.

Die vorbereiteten Zutaten zusammen mit den Oliven und dem Salz zum Teig geben. Alles gut vermengen, in eine mit Backpapier ausgekleidete Kastenform füllen und glatt streichen.

Das Thunfischbrot im vorgeheizten Backofen auf der zweiten Schiene von unten 40–45 Minuten backen. Es darf nicht zu lange backen, sonst wird es trocken. Es ist in Ordnung, wenn an einem hineingesteckten Holzstäbchen noch etwas Teig kleben bleibt. Aus dem Ofen nehmen, Brot aus der Form stürzen und auf einem Kuchengitter abkühlen lassen.

Focaccia
mit zweierlei Belag

Für 1 Focaccia

Für den Teig:
500 g Mehl + etwas zum Bearbeiten
½ TL Meersalz
1 Päckchen Trockenhefe
½ TL Zucker
300 ml lauwarmes Wasser

Für den Belag:
100 g Kirschtomaten
1 Knoblauchzehe
1 rote Zwiebel
100 g schwarze Oliven ohne Stein
1 TL Rosmarinnadeln
2 EL Olivenöl + etwas zum Beträufeln
6 Stangen grüner Spargel
50 g Parmesan
grobes Meersalz zum Bestreuen

Der Brotfladen passt zu Käse, Schinken und Gegrilltem, schmeckt aber auch ohne alles wunderbar!

Für den Teig das Mehl mit dem Salz in eine Schüssel geben und in die Mitte eine Mulde drücken. Die Trockenhefe in einer Schüssel mit Zucker und lauwarmem Wasser verrühren und in die Vertiefung gießen. Mithilfe einer Gabel mit ein wenig Mehl vom Rand verrühren. Etwas warten, bis sich Blasen bilden. Dann alle Zutaten so lange mit dem Handrührgerät kneten, bis ein glatter, geschmeidiger Teig entstanden ist. Diesen zugedeckt an einem warmen Ort 1 Stunde gehen lassen.

Für den Belag die Kirschtomaten waschen und halbieren. Knoblauch schälen und hacken. Zwiebel schälen und in Ringe schneiden. Oliven in Scheiben schneiden. Rosmarinnadeln grob hacken. Kirschtomaten, Knoblauch, Zwiebel, Oliven und Rosmarin in einer Schüssel mit Olivenöl vermischen. Den Spargel waschen, im unteren Drittel schälen und die Enden knapp abschneiden. Den Parmesan hobeln.

Den Backofen auf 200 °C Ober-/Unterhitze (Umluft 180 °C) vorheizen. Den Hefeteig noch einmal durchkneten, auf einer bemehlten Arbeitsfläche zu einem ovalen Fladen von etwa 2 cm Dicke formen und auf ein mit Backpapier ausgelegtes Backblech legen. Mit dem Daumen mehrere Vertiefungen in den Teig drücken und etwas Olivenöl hineinträufeln. Die eine Hälfte des Fladens mit der Tomaten-Oliven-Mischung belegen, die andere mit den Spargelstangen und dem Parmesan. Alles mit Meersalz bestreuen und im vorgeheizten Ofen auf der zweiten Schiene von oben 30 Minuten backen, bis der Rand der Focaccia goldbraun ist. Herausnehmen, in Portionsstücke schneiden und warm oder kalt genießen.

Marinierte Hähnchenspieße
mit Honig-Limetten-Dip

Für 2 Portionen

Die Hähnchenspieße werden besonders knusprig, wenn sie auf dem Grill zubereitet werden!

Für die Marinade:
1 EL Olivenöl
3 EL Sojasauce
5 EL Honig
Saft von 1 Limette
1 cm frischer Ingwer
4 Knoblauchzehen
2 EL Sambal Oelek
1 TL grobes Meersalz

Am Vortag für die Marinade in einer Schüssel das Olivenöl mit Sojasauce, Honig und Limettensaft verrühren. Ingwer schälen und reiben. Knoblauchzehen schälen und hacken. Beides zur Sauce geben. Sambal Oelek und Salz unterrühren. Das Hähnchenfleisch waschen, mit Küchenpapier trocken tupfen und wellenförmig auf Schaschlikspieße stecken. Die Spieße in eine verschließbare Dose legen und die Hälfte der Marinade darübergießen. Die Dose verschließen und das Fleisch über Nacht im Kühlschrank marinieren lassen. Die andere Hälfte der Marinade getrennt kalt stellen.

Am nächsten Tag die Spieße abtropfen lassen. Öl in einer Pfanne erhitzen und die Spieße darin rundum goldbraun braten. Die Chilischote putzen, waschen und fein würfeln. Den Koriander waschen, trocken schütteln, die Blättchen abzupfen und hacken.

Die fertigen Spießchen mit Chili und Koriander bestreuen und mit Limettenscheiben garnieren. Die restliche Marinade als Dip dazu reichen.

Für die Spieße:
200 g Hähnchenbrust-Innenfilets
Öl zum Braten
1 kleine rote Chilischote
3 Stängel Koriander
Limettenscheiben zum Garnieren

Außerdem:
8 Schaschlikspieße

Griechische Bifteki
mit Joghurt

Für 8 Stück

1 kleine Zwiebel
Olivenöl zum Braten
3 Stängel glatte Petersilie
3 Stängel frischer Oregano
250 g Rinderhackfleisch
1 Ei
2 EL Semmelbrösel
1 Spritzer Zitronensaft
½ TL Kreuzkümmel
1 TL Salz
schwarzer Pfeffer
aus der Mühle
50 g cremiger Schafskäse
griechischer Joghurt
zum Dippen

Mediterrane Fleischpflanzerl mit leckerem Schafskäsekern und Urlaubsfeeling.

Die Zwiebel schälen und würfeln. Olivenöl in einer kleinen Pfanne erhitzen, die Zwiebelwürfel darin glasig dünsten. Pfanne vom Herd nehmen.

Petersilie und Oregano waschen und trocken schütteln, die Blättchen von den Stielen zupfen und hacken.

Das Hackfleisch in eine Schüssel geben. Zwiebelwürfel, Kräuter, Ei und Semmelbrösel zugeben. Alles mit Zitronensaft, Kreuzkümmel, Salz und Pfeffer würzen und kräftig durchkneten. Den Fleischteig in 8 Portionen teilen. Den Schafskäse in 8 Stücke schneiden.

Die Hände mit kaltem Wasser anfeuchten. Auf jede Portion Fleischteig 1 Stück Schafskäse legen und den Teig drumherum zu einer längliche Frikadelle formen.

Olivenöl in einer Pfanne erhitzen und die Bifteki darin rundum braun braten. Herausnehmen und auf Küchenpapier entfetten.

Joghurt in einem Schälchen glatt rühren und als Dip zu den Bifteki reichen. Sie schmecken warm oder kalt.

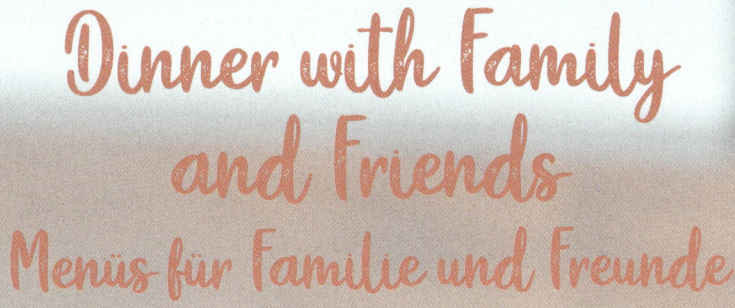

Dinner with Family and Friends
Menüs für Familie und Freunde

Ihr werdet es schon bemerkt haben: Neben eurem kleinen Zweierkosmos gibt es ein Paralleluniversum. Das, in dem Freunde, Eltern, Geschwister und Kollegen existieren. Alles Menschen, die ihr liebt oder zumindest mögt und denen ihr wichtig seid. Wäre es nicht eine schöne Idee, die Eltern oder Freunde einmal zum Essen zu euch einzuladen?

Hier folgen ein paar Menüideen für 4 Personen (beliebig erweiterbar). Die Gerichte sind so ausgewählt, dass ihr viel vorbereiten könnt. Das Hauptgericht wird immer im Ofen zubereitet, sodass ihr nicht noch hektisch etwas auf den Punkt braten müsst, während eure Gäste schon am Tisch sitzen.

Feines Frühjahrsmenü

*

Sonniges Sommermenü

*

Herzhaftes Herbstmenü

Frisches Frühjahrsmenü

Die Erdbeeren reifen, der Spargel wächst, Holunder duftet, Kräuter sprießen. Im Frühling freut ihr euch bestimmt darauf, eure Gäste mit frischen, spritzigen, fruchtigen Genüssen zu verwöhnen. Hier ist von allem etwas dabei.

Hugo

*

Crêpes mit grünem Spargel

*

Zitronenhähnchen

*

Vanille-Milchreis

Hugo
Das Trend-Getränk

Pro Portion

2–3 Eiswürfel
3 cl Holunderblütensirup
6 cl gut gekühlter Sekt
6 cl Mineralwasser
Zitronenmelisseblättchen
zum Garnieren

Holunder und Sekt, das schmeckt! Hugo kann man fertig kaufen, natürlich wird er aber viel besser mit selbst gemachtem Holunderblütensirup (siehe Tipp)!

Die Eiswürfel in ein Weißweinglas oder eine Sektschale geben, Holunderblütensirup darübergießen. Den gut gekühlten Sekt und das Mineralwasser einfüllen. Mit Zitronenmelisseblättchen garnieren und sofort servieren.

Tipp

Für Holunderblütensirup im Mai oder Juni 12–15 voll aufgeblühte Holunderblütendolden pflücken, die Stiele knapp über der Dolde einkürzen. 1,2 kg Zucker mit 1 ½ l Wasser in einem Topf 5 Minuten kochen, dann lauwarm abkühlen lassen. 1 Bio-Zitrone heiß abwaschen und in Scheiben schneiden. Die Blütendolden in eine große Schüssel legen, Zitronenscheiben darauf verteilen und mit 30 g Zitronensäure bestäuben. Den Zuckersirup darübergießen.
Den Sirup 48 Stunden im Kühlschrank durchziehen lassen. Danach durch ein Tuch in einen Topf gießen, erhitzen und einige Minuten kochen lassen. Sirup in Flaschen füllen und gut verschließen. Der Sirup hält sich abgekühlt im Kühlschrank mehrere Monate.

Crêpes mit grünem Spargel, Kräuterquark und Tomaten-Aprikosen-Salsa

Für 4 Portionen

Für die Crêpes:
2 Eier
150 g Mehl
340 ml Milch
2 Prisen Salz
Öl zum Braten

Für den Kräuterquark:
½ Bund Schnittlauch
½ Bund Dill
500 g Quark
5 EL Milch
Salz
Pfeffer aus der Mühle

Für die Salsa:
4 Kirschtomaten
60 g getrocknete Aprikosen
1 rote Zwiebel
3 Stängel Thymian
2 EL weißer Balsamico-Essig
Salz
Pfeffer aus der Mühle
1 Prise Zucker

Außerdem:
1 kg grüner Spargel

Die Tomaten-Aprikosen-Salsa macht diese Vorspeise richtig raffiniert.

Für die Crêpes Eier, Mehl, Milch und Salz in einer Schüssel mit dem Schneebesen zu einem glatten Teig verrühren. Zugedeckt 20 Minuten quellen lassen. Dann etwas Öl in einer beschichteten Pfanne erhitzen. Ein wenig Teig hineingießen und durch Schwenken in der Pfanne verteilen. Wenn die Unterseite goldbraun ist, wenden und fertig backen. Crêpe auf einen Teller legen und warm stellen. Auf die gleiche Weise 8 weitere dünne Pfannkuchen ausbacken, bis der Teig verbraucht ist. Dabei die Pfanne jedes Mal neu dünn einfetten.

Für den Quark die Kräuter waschen und trocken schütteln. Schnittlauch in Röllchen schneiden. Dill von groben Stängeln befreien und hacken. Den Quark in einer Schüssel mit der Milch glatt rühren, die Kräuter untermischen, salzen und pfeffern. Kalt stellen.

Für die Salsa Tomaten waschen und wie die Aprikosen fein würfeln. Die Zwiebel schälen und hacken. Thymian waschen, trocken schütteln, die Blättchen von den Stängeln streifen und fein hacken. Alle vorbereiteten Salsa-Zutaten in einer Schüssel mit Balsamico, Salz, Pfeffer und Zucker verrühren. Salsa beiseitestellen.

Den Spargel waschen, im unteren Drittel schälen, die Enden knapp abschneiden. Salzwasser in einem Topf zum Kochen bringen, den Spargel darin 5–7 Minuten garen, herausnehmen und abtropfen lassen.

Zum Servieren Kräuterquark auf jede Crêpe geben, 2–3 Spargelstangen darauflegen und aufrollen. 2 Röllchen auf jedem Teller anrichten und mit Tomaten-Aprikosen-Salsa servieren.

Zitronenhähnchen
mit Knoblauch

Für 4 Portionen

8 Hähnchenunterkeulen
2 Bio-Zitronen
10 Stängel Thymian
1 frische Knoblauchknolle
2 TL grobes Meersalz
5 EL Olivenöl
1 TL flüssiger Honig

Die saftigen Hähnchenkeulen dürfen mit den Fingern gegessen werden! Haltet dafür am besten ausreichend Servietten und einen Teller für die Knochen bereit.

Den Backofen auf 200 °C Ober-/Unterhitze (Umluft 180 °C) vorheizen. Die Hähnchenkeulen waschen und mit Küchenpapier trocken tupfen. Die Zitronen heiß abwaschen, trocken reiben und in Achtel schneiden. Thymian waschen, trocken schütteln und von groben Stängeln befreien. Die Knoblauchknolle quer halbieren. Alles mit Salz, Olivenöl und Honig in einer großen Schüssel gut durchmischen.
Ein Backblech mit Backpapier auslegen. Hähnchenkeulen und Zitronenachtel darauf verteilen. Die Hälften der Knoblauchknolle mit der Schnittfläche nach oben dazulegen. Alles im vorgeheizten Backofen auf der zweiten Schiene von oben 45 Minuten garen. Nach 20 Minuten die Hähnchenkeulen wenden und mit etwas Sud bestreichen. Für die letzten 5 Minuten den Grill zuschalten.
Zum Servieren Hähnchenteile und Zitronenachtel auf einer Platte anrichten. Die jetzt butterweichen Knoblauchzehen aus den Schalen drücken und in einem Schälchen mit einer Gabel zerdrücken. Das Knoblauchmus zum Zitronenhähnchen reichen. Dazu passen Brot, Reis oder Ofenkartoffeln (siehe Tipp).

Tipp

Ihr könnt die Ofenkartoffeln mit den Hähnchenkeulen zusammen garen. Dafür 1 kg neue Kartoffeln längs vierteln und mit Hähnchen, Zitronen, Öl und Gewürzen mischen. Mit auf das Blech legen und gleichzeitig mit den Hähnchenteilen wenden.

Vanillemilchreis
mit aromatisierten Erdbeeren

Für 4 Portionen

Für den Milchreis:
1 Vanilleschote
750 ml Milch
50 g Zucker
150 g Milchreis

Für die Erdbeeren:
500 g Erdbeeren
abgeriebene Schale von
1 Bio-Limette
1 Msp. geriebene
Macisblüte
5 EL Ahornsirup

Das etwas andere Erdbeerdessert schmeckt nach Kindheit. Und das macht bekanntlich glücklich.

Für den Milchreis die Vanilleschote mit einem spitzen Messer längs aufschlitzen und das Mark herausschaben. Die Milch in einem Topf mit Zucker, Vanillemark und -schote zum Kochen bringen. Den Reis einrieseln lassen und 20 Minuten auf niedrigster Stufe quellen lassen. Dabei immer wieder umrühren.

Inzwischen die Erdbeeren entstielen, waschen, vorsichtig mit Küchenpapier trocken tupfen und vierteln. Die Früchte in einer Schüssel mit Limettenschale, Macisblüte und Ahornsirup mischen.

Den fertigen Milchreis etwas abkühlen lassen und in Schälchen füllen. Die Erdbeeren obenauf geben. Das Dessert bis zum Servieren kalt stellen.

Tipp

Statt Macisblüte könnt ihr auch frisch geriebene Muskatnuss verwenden.

Sonniges Sommermenü

Habt ihr einen Balkon? Oder sogar einen Garten?
Dann wäre das der perfekte Platz für dieses Menü. Kerzenschein, ein
lauer Sommerabend, eine sanfte Brise und mediterrane Genüsse sorgen
für das richtige Ambiente.

Kir Royal

*

Crostini mit Limonenseitlingen

*

Mediterraner Ofenfisch mit Kirschtomaten und Oliven

*

Weinbergpfirsiche mit Sekt Sabayon

Kir Royal
Sekt mit Cassislikör

Pro Portion

1 cl Crème de Cassis
9 cl gut gekühlter
trockener Sekt

Eigentlich wird der Kir Royal ja mit Champagner zubereitet. Oder zumindest mit Crémant, einem nahen Verwandten des Champagners. Aber ein guter trockener Sekt tut's auch.

Crème de Cassis (Likör aus schwarzen Johannisbeeren) in eine Sektflöte gießen und mit Sekt auffüllen. Sofort servieren.

Tipp

Der erfrischende Aperitif stammt aus dem Burgund. Für die Alltagsvariante wird er mit Weißwein statt Sekt zubereitet. Dann heißt er einfach Kir.

Crostini
mit Limonenseitlingen

Für 4 Portionen

8 Scheiben Baguette
(vom Vortag)
1 Knoblauchzehe
Olivenöl zum Beträufeln
150 g Limonenseitlinge
(oder andere Pilze)
2 Schalotten
Butter zum Braten
2 EL Sahne
1 EL Zitronensaft
Salz
schwarzer Pfeffer
aus der Mühle
Zitronenmelisseblättchen
zum Garnieren

Die Limonen- oder Zitronenseitlinge sind Zuchtpilze und werden gelegentlich auf dem Wochenmarkt angeboten. Aber die Crostini schmecken auch mit jeder anderen Art Pilze sehr lecker, zum Beispiel Kräuterseitlingen, Champignons oder Steinpilzen.

Den Grill des Backofens vorheizen. Die Baguettescheiben in eine feuerfeste Form legen. Die Knoblauchzehe schälen, quer halbieren und die Brotscheiben damit einreiben. Mit Olivenöl beträufeln und unter dem Grill des Backofens goldbraun rösten.

Die Pilze putzen und vom harten Stiel befreien. Die Schalotten schälen und würfeln. Butter in einer Pfanne erhitzen. Pilze und Schalotten hineingeben und braten. Dabei nicht rühren, sondern nur gelegentlich an der Pfanne rütteln. Wenn die Pilze braun sind, Sahne und Zitronensaft zugeben und mit Salz und Pfeffer würzen.

Zitronenmelisseblättchen in Streifen schneiden. Die Pilze auf den gerösteten Brotscheiben verteilen. Je 2 Crostini auf einen Teller setzen und mit Zitronenmelisse bestreut servieren.

145

Mediterraner Ofenfisch
mit Kirschtomaten und Oliven

Für 4 Portionen

Olivenöl für die Form und
zum Beträufeln
600 g Seelachsfilet
1 Stängel Rosmarin
2 Stängel Thymian
Salz
schwarzer Pfeffer
aus der Mühle
250 g Kirschtomaten
100 g schwarze Oliven ohne
Stein
25 g geriebener Parmesan
75 g geriebener Mozzarella

Super simpel und doch so lecker. Probiert das Rezept zur Abwechslung auch mal mit Kabeljau!

Den Backofen auf 200° C Ober-/Unterhitze (Umluft 180 °C) vorheizen. Eine Auflaufform mit Olivenöl einfetten.

Das Seelachsfilet waschen, mit Küchenpapier trocken tupfen, in 8 Stücke schneiden und in die Auflaufform legen.

Die Kräuter waschen und trocken schütteln. Nadeln bzw. Blättchen von den Stängeln streifen, hacken und über den Fisch streuen. Mit Salz und Pfeffer würzen.

Die Kirschtomaten waschen und halbieren. Die Oliven in Scheiben schneiden. Beides auf dem Fisch verteilen. Parmesan und Mozzarella darüberstreuen und das Ganze mit etwas Olivenöl beträufeln.

Fisch im vorgeheizten Backofen auf mittlerer Schiene in 15–20 Minuten goldbraun backen. Er ist gar, wenn er zu duften beginnt. Dazu passen Reis, Kartoffeln oder knusprige Ciabattabrötchen.

Weinbergpfirsiche mit Sekt-Sabayon

Für 4 Portionen

Sieht toll aus und schmeckt göttlich!

500 g rote Weinberg- oder
Plattpfirsiche
750 ml trockener Sekt
3 EL flüssiger Honig
3 EL Zucker
3 frische Eigelb

Die Pfirsiche häuten (bei reifen Pfirsichen die Haut mit einem Küchenmesser abziehen, festere mit dem Sparschäler schälen). Den Sekt mit Honig und Zucker in einem Topf unter Rühren zum Kochen bringen. Die ganzen Pfirsiche einlegen und 10–15 Minuten sanft köcheln lassen, bis sie weich sind. Die Früchte herausheben, halbieren, vom Stein befreien, klein schneiden und auf 4 Dessertschälchen verteilen. Bis zum Servieren kalt stellen.

Den Sud sirupartig einkochen lassen. Topf vom Herd nehmen und Sirup abkühlen lassen.

Die Eigelbe in eine Schüssel geben. Über einem heißen Wasserbad mit einem Schneebesen oder dem Handrührgerät schaumig aufschlagen. Etwas von dem abgekühlten Sirup zugeben und weiterrühren, bis eine dickschaumige Creme entstanden ist. Den Rest des Sirups zugeben und ca. 5 Minuten weiterschlagen.

Die Schüssel auf ein kaltes Wasserbad stellen und 10 Minuten unermüdlich weiterrühren, bis das Sabayon völlig abgekühlt ist. Sofort auf die Dessertschälchen verteilen und servieren.

Tipp

Das Sabayon sollte frisch gemacht werden, auch wenn euch das kurzfristig von euren Gästen entführt. Wenn es länger steht, setzt sich unten nämlich Flüssigkeit ab. Ihr könnt das Sabayon aber auch kurz vor dem Servieren noch einmal aufschlagen und dann erst auf den Pfirsichen verteilen.

Herzhaftes Herbstmenü

Im Herbst freuen wir uns auf Äpfel, Birnen und Maronen.
Dieses Menü ist ein bisschen rustikaler als die anderen, das passt gut zu
kalten Tagen im Herbst und auch im Winter.

Birne-Vanille-Cocktail

*

Schwarzwurzel-Sesam-Salat

*

Senfkrustenbraten mit Lauch und Äpfeln

*

Maronen-Crème-Brûlée

Birne-Vanille-Cocktail
mit Wodka

Pro Portion

200 ml gut gekühlter
Birnensaft
5 cl kalter Wodka
1 TL Vanilleextrakt
Bourbon-Vanillezucker
für den Zuckerrand

Birne und Vanille bilden ein harmonisches Paar. Ein schönes Sinnbild für euch als Gastgeber.

Birnensaft und Wodka in einen Krug oder Cocktailshaker geben. Den Vanilleextrakt untermischen. Cocktail kalt stellen. Vanillezucker auf einen kleinen Teller geben. Den Rand eines Glases mit Wasser anfeuchten und im Zucker drehen. Den Zuckerrand etwas trocknen lassen.
Den gekühlten Cocktail in das vorbereitete Glas gießen und sofort servieren.

Schwarzwurzel-Sesam-Salat
mit Orangenfilets

Für 4 Portionen

Für den Salat:
Saft von 1 Zitrone
500 g Schwarzwurzeln
Salz
100 g Feldsalat
2 Orangen
2 EL Sesamsaat

Für das Dressing:
4 EL weißer
Balsamico-Essig
1 EL flüssiger Honig
Salz
schwarzer Pfeffer
aus der Mühle
3 EL Sonnenblumenöl
1 TL Sesamöl

Eine raffinierte Vorspeise! Schwarzwurzeln werden auch Winterspargel genannt, denn die Wurzeln sehen geschält ein bisschen wie Spargel aus. Sie schmecken allerdings anders, nämlich nussig-mild.

Eine Schüssel mit Wasser und dem Zitronensaft füllen. Die Schwarzwurzeln unter fließendem kaltem Wasser schälen, in mundgerechte Stücke schneiden und sofort in das Zitronenwasser legen.

Salzwasser in einem Topf zum Kochen bringen und die Schwarzwurzelstücke darin 20 Minuten garen. In ein Sieb abgießen und abkühlen lassen.

Für das Dressing in einer Schüssel den Balsamico mit Honig, Salz und Pfeffer verrühren. Die beiden Ölsorten unterschlagen. Die abgekühlten Schwarzwurzelstücke in das Dressing legen und im Kühlschrank 1 Stunde durchziehen lassen.

Den Feldsalat verlesen, waschen und trocken schleudern. Die Orangen mit einem scharfen Messer so schälen, dass die weiße Innenhaut mit entfernt wird. Die Filets zwischen den Häuten herausschneiden, dabei den Saft auffangen. Die Sesamsaat in einer Pfanne ohne Fett goldbraun rösten.

Den Feldsalat auf 4 Salatteller verteilen. Die Orangenfilets anteilig darauf anrichten. Die Schwarzwurzelstücke aus dem Dressing heben und zum Salat geben. Den aufgefangenen Orangensaft in das Dressing rühren und die Salatportionen mit der Sauce beträufeln. Zum Schluss Salat mit Sesam bestreuen und sofort servieren.

Senfkrustenbraten
mit Lauch und Äpfeln

Für 4 Portionen

35 g Senfkörner
½ TL grobes Meersalz
4 EL Ahornsirup
1 kg Schweinenackenbraten
100 ml Weißwein
2 Stangen Lauch
4 Äpfel (z. B. Braeburn)
1 kg neue Kartoffeln
½ Bund Thymian
Salz
schwarzer Pfeffer
aus der Mühle
250 ml Wasser

Zu so einem zünftigen Braten passt ein ebenso zünftiges Bier besonders gut. Praktisch: Gemüse und Kartoffeln sind gleich mit dabei!

Den Backofen auf 200 °C Ober-/Unterhitze (Umluft 180 °C) vorheizen.

Die Senfkörner im Mörser grob zerstoßen. Die zerstoßenen Senfkörner mit Salz und Ahornsirup verrühren. Die Paste 5 Minuten ziehen lassen.

Den Braten waschen, mit Küchenpapier trocken tupfen und rundum dick mit Senfpaste einreiben. Den Braten in einen großen Bräter legen, den Wein zugießen und das Fleisch im vorgeheizten Backofen auf der zweiten Schiene von unten 30–40 Minuten garen.

Währenddessen den Lauch putzen, gründlich waschen und in 3 cm lange Stücke schneiden. Äpfel waschen, vom Kerngehäuse befreien und achteln. Kartoffeln schälen, waschen und grob würfeln. Thymian waschen und trocken schütteln. Lauch, Äpfel, Kartoffeln und Thymian in einer Schüssel vermischen, mit Salz und Pfeffer würzen. Das Gemüse nach 30–40 Minuten Garzeit um den Braten herum verteilen. Das Wasser angießen. Alles weitere 50–60 Minuten garen.

Den Bräter aus dem Ofen nehmen. Das Fleisch ca. 5 Minuten ruhen lassen, dann in Scheiben schneiden und mit dem Gemüse aus dem Bräter anrichten.

Tipp

Falls ihr ein Fleischthermometer besitzt: Der fertige Braten sollte eine Kerntemperatur von 75–80 °C haben. Allgemein gilt: 10 Minuten Bratzeit pro Zentimeter Durchmesser!

Maronen-Crème-Brûlée
mit Kirschwasser

Für 4 Portionen

200 ml Sahne
50 ml Milch
75 g Maronenpüree
½ Vanilleschote
1 cl Kirschwasser
2 Eigelb
1 Ei
40 g Zucker
4 TL Rohrzucker zum Karamellisieren

Außerdem:
4 Souffléförmchen
1 Crème-brûlée-Brenner
(falls vorhanden)

Spätestens seit *Die fabelhafte Welt der Amélie* weiß eigentlich jeder, was Crème brûlée ist: diese göttliche Creme mit der glasharten Karamellschicht, die unter dem eintauchenden Löffel knisternd zersplittert …

Den Backofen auf 150 °C Ober-/Unterhitze (Umluft 130 °C) vorheizen.

Die Sahne mit Milch, Maronenpüree und der aufgeschlitzten Vanilleschote in einem Topf zum Kochen bringen. Topf vom Herd nehmen und das Kirschwasser einrühren.

Die Eigelbe, das Ei und den Zucker mit dem Schneebesen in einer Schüssel schaumig rühren. Die heiße Sahne-Milch nach und nach unterrühren. Die Mischung durch ein Haarsieb in 4 feuerfeste Souffléförmchen gießen.

Eine entsprechend große Auflaufform 2 cm hoch mit Wasser füllen. Die Souffléförmchen hineinstellen und die Flans im vorgeheizten Backofen ca. 1 Stunde stocken lassen.

Dann Form aus dem Ofen holen und die Creme vollständig abkühlen lassen.

Vor dem Servieren jede Portion mit 1 TL Rohrzucker bestreuen und die Zuckerschicht mit einem Crème-brûlée-Brenner oder unter dem Grill des Backofens (höchste Stufe) karamellisieren.

Rezeptregister

Dank

Viele Menschen haben am Entstehen und Gelingen dieses Buches mitgewirkt, bei denen wir uns an dieser Stelle von Herzen bedanken möchten:
Beim Kochen und Backen der Gerichte in diesem Buch war die Hilfe von **Andrea Gottfreund** und **Thilo Grünwald** von unschätzbarem Wert. Danke!

Corinna Rockenfeller und **Günther Jakobs**, die ihr Haus und sich selbst für viele Mood-Aufnahmen so bereitwillig zur Verfügung stellten, danken wir ganz herzlich!

Meinen lieben Nachbarinnen **Beate**, **Irmgard**, **Monika** und **Nicole** danken wir für das engagierte Bereitstellen von Blüten aus ihren Gärten und Gläsern aus ihren Schränken!

Wir danken der Zeitschrift »Das Magazin« (www.dasmagazin.de), insbesondere deren Herausgeber **Till Kaposty-Bliss** und **Andreas Lehmann**, dafür, dass wir alte Ausgaben mit den wunderbaren Cover-Illustrationen von **Werner Klemke** für unsere Fotos verwenden durften. Vielen Dank auch an seine Tochter und Nachlassverwalterin **Christine Klemke**.

Wir danken der Lektorin **Sofie Canins** für ihr Vertrauen in uns und unsere Arbeit. Und unserer Agentin **Anette Riedel** für alles, was sie für uns tut!

Unseren **Familien** danken wir grundsätzlich dafür, dass sie da sind, und für ihre freundliche Unterstützung beim Verspeisen der zubereiteten Gerichte nach dem Fotografieren …

Christiane Leesker und Vanessa Jansen

Im bunten Arbeitsfeld von **Christiane Leesker** entstehen z. B. Koch- und Lifestylebücher in Zusammenarbeit mit Vanessa Jansen, Buch- und Cover-Layouts, Kinderbuch-Reihenkonzepte oder Papeterie- und Geschenkartikel. Sie wohnt mit Mann, Kater und Atelierhund Peppa seit ihrem Grafikdesign-Studium in Münster.

Vanessa Jansen fotografiert am liebsten mit natürlichem Tageslicht. Und zwar vor allem Food und Lifestyle für Verlage, Menschen und Interior für Unternehmen, Hochzeiten und Familien für Privatkunden. Seit sie 2009 zur Ateliergemeinschaft stieß, hat sie zusammen mit Christiane Leesker mehr als zehn Koch- und Backbücher veröffentlicht.

Lieblingsrezept von

Lieblingsrezept von